AF475446

MARINE ET COLONIES

PORT DE ROCHEFORT

CONSIGNES

A SUIVRE

Par les Postes militaires et les Agents chargés de la surveillance des Grilles et Issues de l'Arsenal de Rochefort et de ses dépendances, pour le service ordinaire et les cas d'alerte ou d'incendie.

LA ROCHELLE
IMPRIMERIE, LIBRAIRIE ET LITHOGRAPHIE A. CAILLAUD
Rue du Palais, 26 et 28.

MARINE ET COLONIES.

CONSIGNE GÉNÉRALE

DES

POSTES MILITAIRES DU PORT DE ROCHEFORT.

Du Service des gardes dans leurs postes.

ARTICLE PREMIER.

Lorsque la nouvelle garde approchera du poste qu'elle devra relever, l'officier ou sous-officier qui la commandera lui fera porter les armes et ordonnera au tambour ou au clairon, s'il y en a, de battre ou de sonner la marche.

ART. 2.

L'officier ou sous-officier qui commandera l'ancienne garde lui fera aussitôt prendre les armes, et la fera ranger de manière qu'elle laisse sur la gauche le terrain nécessaire pour que la nouvelle garde puisse s'y former.

ART. 3.

Les gardes qui ne seront composées que de six hommes se mettront en haie; celles au-dessus de six, sur deux rangs, et celles de dix-huit et au-dessus, sur trois rangs. La formation sur trois rangs ne sera exécutée que par les troupes qui ne suivent pas l'ordonnance ou l'instruction des chasseurs de Vincennes.

ART. 4.

De quelque nombre d'hommes que soit composée

1

1850

une garde, elle sera toujours partagée en deux ou quatre divisions, afin que si les circonstances exigeaient qu'une garde tirât, elle ne se trouve pas dégarnie à la fois de tout son feu.

ART. 5.

Si c'est un officier qui commande le poste, il se placera toujours devant le centre de sa garde, à deux pas en avant du premier rang; si c'est un sous-officier, il se placera sur le flanc droit, à moins qu'il n'y ait un tambour; dans ce cas, il se placera à la droite de la garde.

ART. 6.

Toutes les fois qu'une garde prendra les armes et se montrera hors du corps-de-garde, elle devra se ranger dans l'ordre indiqué ci-dessus.

ART. 7.

Si la garde dont le service est terminé doit être en haie, et si le terrain ne permet pas à la nouvelle garde de se former à la gauche de l'ancienne, celle-ci se placera en avant du corps-de-garde, en y faisant face, à quelque distance, afin de laisser à la nouvelle garde la place nécessaire pour se former entre elle et ledit corps-de-garde.

ART. 8.

Les officiers ou sous-officiers des deux gardes s'avanceront alors l'un vers l'autre, et ceux de la garde descendante donneront la consigne à ceux de la garde montante.

ART. 9.

Le commandant de la nouvelle garde, s'il n'est pas officier, ira prendre lui-même possession du corps-de-garde; s'il est officier, il se fera remplacer dans cette opération par le sergent, ou, à défaut de sergent, par le premier caporal.

ART. 10.

Ce sergent ou premier caporal de la nouvelle garde visitera, avec celui de l'ancienne, le corps-de-garde,

les bancs, fanaux, et toutes les choses portées sur l'inventaire, afin de s'assurer de l'état dans lequel se trouvent ces objets; dans le cas où des dégradations y auraient été faites, le chef de la nouvelle garde en ferait rendre compte immédiatement à l'officier-major de service, qui en avertirait le major-général de la marine, pour que ceux des objets manquants ou détériorés fussent remplacés ou réparés aux frais des officiers ou sous-officiers de la garde descendante.

Cette visite devra porter également sur les cartouches déposées au corps-de-garde.

ART. 11.

Immédiatement après la visite du corps-de-garde, le commandant de la nouvelle garde fera l'inspection des armes, avant la pose des sentinelles.

ART. 12.

Les caporaux du même poste partageront entre eux le temps de leur garde, de telle sorte qu'ils n'aient qu'un service égal à faire, soit de jour, soit de nuit; ils régleront pareillement le temps de la garde des soldats, de manière à ce que ces derniers aient autant d'heures à faire les uns que les autres, et lorsque ce partage ne pourra se faire exactement, le sort en décidera.

ART. 13.

Les caporaux chargés de poser les sentinelles prendront la consigne de ceux qui auront fait la pose précédente, et ils iront ensemble relever les anciennes sentinelles et poser les nouvelles; ces caporaux prendront le nom de caporaux de pose.

ART. 14.

Un caporal commandant un petit poste pourra se faire aider pour poser et relever les sentinelles par l'appointé, ou le plus ancien soldat; sous aucun prétexte, une sentinelle ne pourra aller en relever une autre, sans être accompagnée par un caporal ou un faisant fonction de caporal.

Article 15.

Après l'inspection des armes, les hommes de garde ayant été numérotés, le commandant de la nouvelle garde désignera les sentinelles de première pose et ordonnera à ses caporaux d'aller avec ceux de la garde descendante, relever les sentinelles. Le caporal de pose fera le commandement de première pose deux pas en avant, et, d'après l'ordre du chef de poste, il ira avec le caporal de la garde descendante relever les sentinelles.

Art. 16.

Pendant qu'on relèvera les sentinelles, les commandants des deux gardes visiteront ensemble les avenues du poste, et celui qui relèvera prendra de l'autre tous les renseignements nécessaires sur les consignes et sur le service de son poste.

Art. 17.

Le commandant de l'ancienne garde ayant réuni toutes les sentinelles, les fera rentrer dans les rangs, et se mettra en route; le tambour ou le clairon de sa garde battra ou sonnera la marche, de même que celui de la nouvelle garde.

Art. 18.

Lorsqu'il sera à environ cinquante pas du poste, il fera les commandements nécessaires pour mettre la baïonnette à sa place et porter l'arme au bras; et s'il est officier, il ordonnera au plus ancien sergent ou caporal de ramener la garde au quartier.

Art. 19.

Les sous-officiers commandant les petits postes descendront la garde dans le même ordre, et ramèneront eux-mêmes leur détachement au quartier.

Art. 20.

Tout sous-officier qui ne conduira pas sa troupe dans le meilleur ordre et dans le plus grand silence, sera considéré comme coupable de négligence dans son service, et puni en conséquence.

Article 21.

Après le départ de l'ancienne garde, le commandant de la nouvelle fera faire à celle-ci : *demi-tour à droite*, puis *haut les armes*, et les fusils seront placés au ratelier du corps-de-garde.

Art. 22.

Aussitôt que la garde sera rentrée, le commandant du poste ira visiter les sentinelles ; il lira avec soin les consignes générales et particulières données à son poste, puis instruira les sergents et caporaux de ce qu'ils auront à faire.

Art. 23.

Le sergent ou le caporal de consigne du poste enverra chercher, par des soldats de la garde, le bois, la chandelle et l'huile qui devront être fournis pour le corps-de-garde ; ceux qui auront été désignés pour cette corvée la feront en bonnet de police, conservant leur giberne pour marque distinctive de service ; il leur est formellement défendu de porter le bois sur leurs épaules ; ils devront employer à cet usage le brancard ou la brouette dont le poste est pourvu.

Art. 24.

Les officiers de garde seront obligés de rester au poste et d'y prendre leurs repas, sans pouvoir s'en éloigner sous quelque prétexte que ce soit ; ils ne quitteront pas leur sabre ni leur hausse-col ou toute autre marque distinctive de service, pendant le temps qu'ils seront de service.

Art. 25.

Tout officier ou sous-officier commandant un poste veillera, pendant la durée de son service, sur les militaires de garde, afin qu'ils remplissent exactement leur devoir ; il se promènera souvent en dehors du corps-de-garde pour voir ce qui se passe ; il ne pourra s'éloigner de son poste que pour une cause relative au service. Tout commandant d'une garde ne pourra donner à boire et à manger à qui que ce soit ; il est pareillement interdit de jouer ou de laisser jouer dans son poste. Les chefs de poste laisseront fumer les militaires de service, à l'intérieur du corps-de-garde, mais jamais en dehors ni même sur la porte.

ART. 26.

Il fera sortir, aussi souvent qu'il jugera convenable, sa garde, avec ou sans armes, pour habituer les militaires de service à se former promptement en haie, et il punira les plus paresseux.

ART. 27.

Il contiendra sa garde, toutes les fois qu'il sera sous les armes, dans le plus grand ordre et dans le plus grand silence.

ART. 28.

Il ne permettra à aucun des militaires de garde de s'écarter du poste, les hommes de service devant se faire apporter à manger par leurs camarades.

ART. 29.

Les hommes qui mériteront d'être punis seront condamnés, pour les fautes ordinaires, à faire les corvées de la garde, et, dans les cas graves, le commandant du poste les fera arrêter et en rendra compte au major-général de la marine ; nul soldat ne pourra être arrêté sans la participation du commandant du poste.

ART. 30.

Le caporal de pose, allant relever, portera l'arme sur le bras droit ; toutes les sentinelles les suivront, portant leurs armes au bras, sans qu'aucune puisse prendre un chemin plus court pour aller attendre ledit caporal à l'endroit où elle saurait devoir être placée.

ART. 31.

Le caporal de pose commencera par la sentinelle de devant les armes qui seule ne sera pas tenue de le suivre après avoir été relevée ; il ira ensuite relever les sentinelles les plus éloignées, qui, après avoir été remplacées, le suivront dans l'ordre prescrit par l'article précédent.

ART. 32.

Les sentinelles, en se relevant, se présenteront les armes l'une à l'autre, au commandement qui leur en sera fait par le caporal de pose, et elles se donneront la consigne en présence dudit caporal, qui s'avancera seul pour l'entendre donner; les sentinelles qui ne seront pas encore posées ou celles qui seront déjà relevées, s'arrêteront dix pas derrière lui. Les sentinelles ne se laisseront jamais relever ou donner de nouvelles consignes que par les caporaux de leur poste.

ART. 33.

La consigne étant donnée, le caporal de pose fera les deux commandements : *Portez arme! — Marche!* Au premier de ces commandements, l'ancienne et la nouvelle sentinelle porteront leurs armes, et, au second commandement, le caporal de pose et l'ancienne sentinelle rejoindront les autres, pour continuer la pose, si elle n'est pas finie, ou pour retourner dans le cas où elle le serait.

ART. 34.

Le caporal de pose examinera, en posant les sentinelles, si, dans les guérites ou à côté, il n'a pas été mis de pierres ou autre objet pouvant servir de siége; s'il en remarquait, il les ferait ôter. Si les fenêtres des guérites étaient bouchées, il les ferait rétablir dans un état convenable, et rendrait compte de tout cela au chef du poste, pour que la sentinelle trouvée en faute fût punie au retour de sa pose; le caporal présentera toujours les anciennes sentinelles au chef du poste.

ART. 35.

Le caporal de pose, lorsqu'il relèvera les sentinelles pendant la nuit, sera tenu d'avoir de la lumière dans un fanal.

ART. 36.

Si, du canon de diane à celui de retraite, quelque militaire de la garde se trouvait dans l'impossibilité de remplir son service, pour cause de maladie ou tout autre motif, le commandant du poste en ferait prévenir l'officier de service à la Majorité générale de la marine, qui pourvoierait de suite à son remplacement; et, dans un cas semblable pendant la nuit, le chef du poste ferait demander, par un homme de garde, l'officier de santé de service au bagne, pour juger de l'état du malade et lui porter secours.

Art. 37.

Lorsqu'une troupe armée passera devant un poste, quel que soit le corps auquel elle appartienne, les militaires qui composeront le poste devront sortir et se tenir sous les armes jusqu'à ce que la troupe soit passée.

De l'Officier.

Art. 1.

L'officier de garde se rendra à son poste avec sa garde et ne pourra la laisser qu'après avoir été relevé; il veillera sur la police et le bon ordre, qui doivent être observés sur tous les points dont la surveillance lui est confiée; il ne souffrira pas que le devant de son corps-de-garde soit encombré par quelque objet que ce soit. Il en fera donner la consigne à la sentinelle devant les armes.

Art. 2.

Lorsque les rondes-major ou les rondes supérieures viendront au poste, l'officier ira les reconnaître lui-même, ayant sa garde sous les armes; et lorsqu'elles ne feront que passer à sa portée, il les enverra reconnaître; dans tous les cas, le mot d'ordre sera donné à ces rondes.

Art. 3.

Il fera donner main-forte aux sous-officiers des agents de surveillance, toutes les fois qu'ils le requéreront, et ordonnera à celui qui commande immédiatement après lui d'envoyer à la poursuite des forçats qui s'évaderaient, de faire tirer dessus, si le détachement qui sera à leur poursuite ne peut les atteindre, enfin, dans le cas où il les joindrait, de les conduire au bagne.

Il fera aussi donner main-forte à la gendarmerie et aux gardiens, chaque fois qu'il en sera requis. Il devra obtempérer à toutes les réquisitions qui lui seront faites par les chefs revêtus de leurs insignes.

ART. 4.

L'officier est prévenu que les chefs de service ci-après désignés, pourront entrer dans le port et en sortir, du coup de canon de retraite à celui de diane, lorsqu'ils seront en uniforme, savoir :

Le commissaire général de la marine ;
Le directeur des constructions navales ;
— des mouvements du Port ;
— d'artillerie ;
— des travaux hydrauliques ;
Le contrôleur en chef ;
Le chef du service des chiourmes.

Le capitaine commandant des postes ne fera ouvrir les portes de l'Arsenal qu'après avoir reçu lui-même le mot d'ordre de ces chefs de service ; ensuite il les fera accompagner de poste en poste, jusqu'au lieu où le service les appellera, par un fusilier armé et un caporal ayant un fanal. Ils auront, pour s'en revenir, une semblable escorte, qui leur sera fournie par le poste le plus voisin. Ils seront reconnus, dans le Port, par les postes, rondes, patrouilles et sentinelles, en donnant le mot de ralliement.

Est exempté de cette mesure, le directeur des mouvements du Port, qui ne sera accompagné que jusqu'à sa direction, et qui, pour circuler dans toute l'enceinte de l'Arsenal, sera accompagné d'un de ses rondiers, ayant un fanal.

ART. 5.

Les chefs de postes et les sentinelles devront veiller scrupuleusement au maintien du bon ordre dans l'Arsenal.

ART. 6.

En cas d'attroupement ou d'émeute, chaque chef de poste devra employer tous les moyens à son pou voir pour les dissiper; il en rendra compte au capitaine commandant des postes, qui fera immédiatement prévenir le major-général.

Du Sergent.

ART. 1.

Le sergent de garde fera poser les sentinelles qui ne sont que pour le jour, depuis le coup de canon de diane jusqu'à celui de retraite. Il n'y a que le Préfet, le major-général ou un officier-major qui puisse changer cet ordre de choses. Il obligera les caporaux qui iront relever la nuit, d'avoir de la lumière dans un fanal; il tiendra la main à ce que les anciens soldats soient mis de faction la nuit, et les nouveaux le jour; il veillera surtout à ce que les mêmes hommes ne soient pas placés aux mêmes postes, et fera en sorte qu'ils les parcourent dans les vingt-quatre heures; il fera relever les factionnaires de deux heures en deux heures, et, pendant les fortes gelées et les grandes chaleurs d'été, d'heure en heure; dans ce dernier cas, le chef du poste recevra les ordres du major-général.

ART. 2.

Il se fera répéter, par les caporaux, les consignes qu'ils donneront à chaque sentinelle, afin de s'assurer qu'ils n'y ont rien changé.

ART. 3.

Le sergent de garde fera nettoyer tous les jours le corps-de-garde, et surtout le dessus des lits-de-camp dont les planches sont volantes; il fera la vérification de tous les effets existant au poste, avec le sergent qui viendra le relever. Les caporaux devront toujours examiner les guérites ainsi que les capotes, en relevant les sentinelles, pour s'assurer qu'il n'y a pas été fait de dégradation ; s'il était reconnu plus tard qu'elles eussent souffert quelque dommage, la réparation en serait ordonnée aux frais des caporaux qui auraient négligé de faire connaître les sentinelles fautives.

ART. 4.

Le sergent fera l'appel de sa garde au moins deux fois par jour, et plus souvent s'il le juge nécessaire.

ART. 5.

Il sera responsable du désordre qui arriverait à son poste ; les vitres cassées seront remplacées à ses frais, sauf à lui de se faire rembourser par qui de droit.

ART. 6.

Il veillera à ce qu'il ne soit fait aucun vol dans le Port. Les soldats qui ramasseront des copeaux pour porter en ville, seront punis de quinze jours de salle de police.

ART. 7.

Il est prévenu que de temps à autre, par des jours interrompus, il sera fait, par un officier, une visite de localité. Cet officier examinera les objets portés sur l'inventaire du poste ; ceux de ces objets qui manqueraient ou seraient trouvés en mauvais état, faute d'en avoir pris soin, seraient, ainsi qu'il a été déjà dit, remplacés ou réparés aux frais des caporaux ou sous-officiers de service au moment de la visite, à moins que ceux-ci, lors de leur arrivée au poste, n'aient fait connaître à la Majorité-générale, par l'entremise du chef de poste, les effets perdus ou détériorés, et ne l'aient mise par-là à même d'avoir son recours envers leurs prédécesseurs.

ART. 8.

Il veillera à ce que les militaires de garde ne vendent ni ne sortent le bois de chauffage dont le poste aurait fait économie, ce bois devant être conservé pour être utilisé au besoin. Il veillera en outre à ce qu'ils ne prennent pas, pour le chauffage du poste, du bois dans l'Arsenal.

ART. 9.

Il défendra aux militaires de service de laver leur linge pendant le cours de leur garde ; ceux qui seront pris en défaut seront sévèrement punis.

ART. 10.

Afin de prévenir autant que possible les incendies dans les postes qui sont chauffés par des cheminées, elles seront ramonées une fois par mois. Le chef du poste devra faire mention de cette opération dans son cahier de rapport, toutes les fois qu'elle aura lieu.

ART. 11.

Si le sergent est chef de poste, il se conformera en outre à tout ce qui a été prescrit au chapitre de l'officier.

ART. 12.

A défaut d'un sergent, le premier caporal se conformera aux articles concernant le sergent.

Des Sentinelles.

ART. 1.

Les sentinelles auront pour bases fondamentales de leur consigne, le feu et le bruit ; lorsqu'elles s'apercevront de quelqu'incendie, elles crieront : *Au feu!* Cet avertissement passera de sentinelle en sentinelle, jusqu'au poste.

ART. 2.

Lorsqu'une sentinelle verra un attroupement qui lui paraîtra mal intentionné, ou entendra du bruit, ou qu'elle saura que quelqu'un se querelle auprès de son poste, elle criera : *A la garde!* Cet avertissement, comme le premier, passera de sentinelle en sentinelle, jusqu'au poste, qui enverra des soldats aux ordres d'un sous-officier, pour rétablir l'ordre et arrêter les querelleurs, ou pour dissiper l'attroupement.

ART. 3.

Lorsqu'il passera une troupe, de quelque régiment

qu'elle soit, à la portée des sentinelles, elles s'arrêteront, faisant face en tête, et porteront les armes; lorsqu'il y aura un drapeau, elles les présenteront.

ART. 4.

Les sentinelles posées devant les armes avertiront promptement en criant : *Aux armes!* lorsqu'elles apercevront un officier-général ou tout autre pour lequel la garde devra sortir et prendre les armes.

Toutefois, ces honneurs ne seront rendus que depuis le coup de canon de diane jusqu'à celui de retraite.

ART. 5.

Quand la garde devra sortir sans armes, la sentinelle criera : *Hors la garde!*

ART. 6.

Les sentinelles auront toujours la baïonnette au bout du fusil; elles porteront l'arme au bras, se reposeront dessus, et pourront la porter, pendant le mauvais temps, sous le bras gauche.

ART. 7.

Les sentinelles ne pourront jamais quitter leurs armes, pas même dans leur guérite, ni s'asseoir, lire, chanter, siffler ou parler à qui que ce soit, sans nécessité, ni en se promenant, s'écarter de leur poste à plus de trente pas.

ART. 8.

Les sentinelles ne souffriront pas qu'il se fasse aucune ordure ni dégradation aux environs de leur poste.

ART. 9.

Les sentinelles seront attentives à observer, le plus loin qu'elles le pourront, tout ce qui se passera; pour cet effet, elles ne resteront dans leur guérite que pendant le mauvais temps, et même alors, elles en sortiront toutes les fois qu'elles verront s'approcher d'elles, pendant le jour, un officier-général ou supérieur, et, pendant la nuit, une troupe ou une ronde, quelles qu'elles soient.

ART. 10.

Les sentinelles ne se laisseront jamais approcher de trop près, par qui que se soit, particulièrement pendant la nuit; à cet effet, lorsque la nuit sera fermée, les sentinelles crieront d'une voix forte : *Qui vive!* à toutes personnes passant à leur portée, et ne laisseront aller que lorsque l'on se sera fait reconnaître, ainsi qu'il est indiqué à l'article 4 de la consigne de l'officier.

ART. 11.

Elles empêcheront de faire du feu dans le Port, ailleurs que dans les pigoulières ou fourneaux destinés à chauffer le brai et goudron pour les carènes, ou dans les endroits marqués par le chef ou sous-chef des différents détails; dans tous les cas, elles y veilleraient. Elles empêcheront aussi de fumer. L'usage des allumettes chimiques est prohibé d'une manière absolue, dans toute l'étendue de l'Arsenal.

ART. 12.

Elles veilleront à ce qu'il ne se commette aucun désordre à leur vue, et si elles s'aperçoivent de l'évasion de quelque forçat, elles en feront promptement avertir la garde.

ART. 13.

Pendant la nuit, depuis le coup de canon de retraite jusqu'à celui de diane, elles crieront toutes les demi-heures : *Sentinelle, prenez garde à vous!* Si, après qu'une sentinelle aura crié trois fois : qui vive! on continue à marcher sans répondre, elle dira : *Halte-là!* en apprêtant son arme; et si, malgré cet avertissement, on continue encore, elle tirera et appellera la garde.

ART. 14.

Toute sentinelle aura le mot de ralliement; elle ne laissera passer que les rondes et patrouilles, après les avoir fait raisonner d'aussi loin qu'elle les aura aperçues, en criant : *Qui vive!* et en avoir reçu le mot de ralliement. Elle présentera les armes lorsque les rondes s'approcheront, et se tiendra toujours sur la défensive lorsqu'elle le croira nécessaire.

ART. 15.

Elle arrêtera toutes les personnes qui pourraient se présenter, excepté les gendarmes et les sous-officiers des agents de surveillance qui feraient la recherche des forçats évadés qu'on soupçonnerait cachés dans le Port; dans ce cas, le poste en serait prévenu; ces militaires, autorisés à circuler sans fanal, devront donner à la sentinelle le mot de ralliement.

ART. 16.

Lorsque la sentinelle posée devant les armes apercevra pendant la nuit, une ronde ou une patrouille, elle criera : *qui vive !* quelque réponse qu'on lui fasse elle criera : *halte-là ! caporal, venez reconnaître ronde, ou patrouille*, en expliquant, si c'est une ronde, l'espèce dont elle est.

Si la ronde est celle du major-général, d'un officier-major ou d'un officier supérieur, la sentinelle criera : *Caporal, aux armes! Ronde-major, ronde-major-général, ou ronde supérieure !* Si pendant le jour, la sentinelle posée devant les armes, voyait se diriger vers le poste un officier supérieur, ou un officier de l'état-major-général de la Marine, décoré du hausse-col, elle préviendra le poste en criant : *Aux armes !*

ART. 17.

Les sentinelles ne se laisseront jamais relever ou donner de nouvelles consignes que par les caporaux de leur poste.

ART. 18.

Si les sentinelles aperçoivent quelque chose d'extraordinaire, soit de jour, soit de nuit, et qu'elles pensent que le poste ne saurait en être informé assez promptement, elles donneront l'alerte par un coup de fusil tiré en l'air.

ART. 19.

Toute sentinelle qui sera trouvée en contravention sur

quelques-uns des articles ci-dessus, ou qui manquera à la consigne, sera punie à la descente de sa garde, suivant que le cas l'exigera.

Patrouilles.

ART. 1.

Afin de veiller à ce qui se passe dans l'intérieur du Port, et particulièrement dans les moments où les ouvriers ne travaillent pas et où il se trouve conséquemment moins de surveillance, chaque poste de l'Arsenal, un quart d'heure avant le coup de canon de diane, enverra tous les jours au poste de la porte du Soleil, un des militaires de garde; tous ces militaires réunis formeront une patrouille, qui, sous la direction d'un sergent, commencera sa tournée dès que le coup de canon sera tiré; il en sera de même de l'intervalle compris entre la débauchée des ouvriers et le coup de canon de retraite.

Pour l'exécution de ces dernières dispositions, chaque poste enverra à la porte du Soleil, un peu à l'avance, le militaire qu'il doit fournir. Ces hommes rejoindront leur poste respectif, lorsque la patrouille aura achevé sa tournée. Toutefois ils ne pourront se séparer que lorsqu'ils seront arrivés au poste de la porte du Soleil, et après que le sergent aura rendu compte au capitaine, commandant des postes.

Le sergent du poste de la porte du soleil sera chargé de commander et de conduire cette patrouille.

Les dimanches et les jours où l'on ne travaillera pas, une patrouille composée ainsi qu'il est expliqué ci-dessus, fera deux tournées dans l'Arsenal, une le matin, l'autre le soir.

La tournée du matin commenceraau coup de diane, celle du soir à trois heures. Les postes se règleront sur ces données, au sujet des militaires que chacun doit envoyer à la porte du Soleil.

ART. 2.

Ces patrouilles circuleront dans toute l'étendue de

l'Arsenal, et s'assureront que rien ne s'y passe contre le bon ordre, que personne ne cherche à détourner, cacher ou emporter des objets appartenant à l'état. S'il se trouvait des étrangers ou des gens sans aveu, ils seraient arrêtés et conduits au corps-de-garde le plus voisin. Le chef du poste en rendrait compte sur-le-champ au capitaine commandant des postes, qui ferait immédiatement prévenir le major-général.

Art. 3.

Les différentes parties de l'Arsenal que les patrouilles sont particulièrement chargées de visiter, sont indiquées ci-après :

Elles passeront d'abord entre le bassin et la grande cayenne, en se dirigeant vers la cour des corderies, où elles entreront ; de là elles iront visiter la cour d'Artillerie, en sortiront pour se rendre à la porte du Nord, se dirigeront ensuite du côté de la rivière, la côtoyeront jusque près le bassin, passeront sur ce dernier, reprendront le bord de la rivière.

De là elles se dirigeront vers les ateliers des grosses œuvres et de la sculpture, passeront derrière et reviendront aux environs de l'hôpital des forçats convalescents, feront le tour de la mâture, de la tonnellerie, ainsi que des hangards et de la poudrière, et reviendront en passant devant le magasin général, longeant le bord de la rivière ; elles rejoindront enfin le poste de la porte du Soleil, en étendant, le mieux qu'il leur sera possible, leur surveillance sur tous les endroits à portée desquels elles passeront.

S'il arrivait que dans les tournées qu'elles doivent faire dans le Port, le dimanche et les jours que l'on ne travaille pas, ces patrouilles vissent des ateliers ouverts, le chef de cette patrouille enverrait immédiatement un de ses hommes en prévenir le capitaine de garde à la porte du Soleil ; ce dernier en informerait aussitôt le major-général, qui donnerait des ordres pour faire fermer ces ateliers.

Rondes.

Article Premier.

Toute ronde d'officier, sous-officier ou caporal, sera accompagnée d'un homme du poste portant un fanal. Lorsque le major-général de la marine fera sa ronde, elle sera qualifiée de *ronde-major-général*; lorsqu'il la fera faire par un officier supérieur, elle sera qualifiée de *ronde supérieure*; et enfin lorsqu'il la fera faire par un officier de l'état-major-général, elle sera qualifiée de *ronde-major*.

Toutes les fois qu'une de ces rondes se présentera, elle sera reçue de la manière suivante :

Au cri de la sentinelle devant les armes, la garde sortira et se tiendra l'arme au pied; le caporal de garde, escorté de deux fusiliers, dont l'un ayant un fanal, se portera en avant, fera de nouveau raisonner la ronde et préviendra l'officier, le sergent ou caporal chef de poste qui, accompagné de deux fusiliers, viendra la reconnaître lui-même, après avoir dit : *Avance à l'ordre*. Le chef du poste donnera le mot d'ordre et recevra celui de ralliement. Si une de ces rondes se présente pour entrer dans l'Arsenal, elle donnera le mot d'ordre au capitaine commandant les postes, si c'est à la porte du Soleil, et au chef du poste si c'est à une autre porte de l'Arsenal; après avoir introduit sa ronde, le capitaine ou chef de poste donnera le mot de ralliement.

Le chef de poste, s'il est officier, recevra ou donnera toujours le mot d'ordre, en portant la main droite à la garde de son sabre.

La première ronde de l'officier commandant les postes sera toujours reçue comme la ronde-major, seulement la garde ne sortira que lorsque cet officier en aura donné l'ordre au chef du poste.

Art. 2.

Lorsque deux rondes se rencontreront, après s'être reconnues, le grade inférieur donnera le mot d'ordre au grade supérieur, et, si le grade est égal, celui qui aura fait raisonner le premier se fera donner le mot d'ordre, l'autre donnera le mot de ralliement.

Les simples rondes d'officiers, sous-officiers et caporaux donneront toujours le mot d'ordre aux chefs des postes, qui leur diront, après, le mot de ralliement.

Toutes les rondes sans exception doivent le mot de ralliement aux sentinelles isolées.

ART. 3.

Toutes les rondes seront attentives au feu, aux voleurs, et inspecteront les sentinelles; si le sergent ou caporal, en faisant la sienne ou en relevant la nuit les factionnaires, rencontrait quelques malveillants, il les arrêterait et les conduirait au corps-de-garde.

ART. 4.

Les rondes de major-général, celles de capitaine de vaisseau, et tout autre officier supérieur, ainsi que la ronde-major seront informées des personnes arrêtées depuis le coup de canon de retraite, et pourront les faire sortir. Il en sera rendu compte le lendemain au major-général.

ART. 5.

MM. les chefs de poste trouveront dans leur chambre, au corps-de-garde, un fanal sourd dont ils pourront se servir toutes les fois qu'ils voudront se porter sur un point quelconque de l'Arsenal sans être vus.

ART. 6.

Les visites de jour des officiers supérieurs, des officiers de l'état-major de la marine et de l'officier commandant les postes, seront reçues par l'officier, sergent ou caporal, chef de poste, à la tête de sa garde, qui aura l'arme au pied.

Honneurs à rendre par la garde des postes de la Marine.

ARTICLE PREMIER.

Lorsque le saint Sacrement passera à la vue d'une garde ou d'un poste, les sous-officiers et soldats prendront les armes, les présenteront, mettront le genou droit en terre, inclineront la tête, porteront la main droite au schako, mais resteront couverts, les tambours battront au champ, ou les clairons sonneront;

les officiers se mettront à la tête de leur troupe, salueront de l'épée ou du sabre, porteront la main gauche au schako et resteront couverts.

Il sera fourni, du premier poste devant lequel passera le saint Sacrement, au moins deux fusiliers pour son escorte; ces fusiliers seront relevés de poste en poste, marcheront couverts près le saint Sacrement, l'arme dans le bras droit.

Art. 2.

Lorsque le Préfet maritime passera devant un poste, la garde prendra et portera les armes, et le tambour ou clairon rappellera un moment.

Art. 3.

Pour un contre-amiral employé comme major-général ou ayant des lettres de service, la garde prendra et portera les armes; le tambour, après avoir frappé trois coups de baguette, sera prêt à battre et ne battra pas.

Art. 4.

Pour un capitaine de vaisseau remplissant les fonctions de major-général, la garde se mettra en haie et se reposera sur les armes.

Art. 5.

Il sera rendu à l'officier supérieur commandant la place, les honneurs dûs à ses fonctions, c'est-à-dire les mêmes que l'on rend aux majors-généraux (art. 3 et 4 ci-dessus), suivant le cas qu'il soit général de brigade ou colonel (art. 57 du décret du 6 frimaire an XIII).

Les généraux de division commandant une division territoriale recevront les mêmes honneurs que MM. les Préfets maritimes.

Les généraux de brigade commandant une subdivision recevront les honneurs qui sont dûs aux contre-amiraux.

Art. 6.

Lorsque le Préfet du département, en uniforme

et escorté, passera devant un poste, la garde prendra et portera les armes, et le tambour sera prêt à battre.

ART. 7.

Lorsque l'archevêque ou l'évêque du diocèse passera devant un poste, la garde prendra et portera les armes, les sentinelles les présenteront, et les tambours ou clairons rappelleront.

Les mêmes honneurs que ci-dessus seront rendus aux officiers de marine, du contrôle, du commissariat, aux officiers de santé et à ceux du génie maritime, lorsqu'ils seront en petite tenue; le nombre de galons en or ou en argent sur la casquette et sur les parements de la capote indique le grade de l'officier.

Honneurs généraux à rendre par les Sentinelles.

Les sentinelles présenteront les armes à MM. les officiers-généraux.

Les officiers supérieurs de l'armée.
— de la marine.
— de l'artillerie.
Les officiers supérieurs des constructions navales.
— du commissariat.
— du contrôle.
— des constructions hydrauliques.
— du service de santé.

Elles les porteront à MM. les officiers subalternes de tous les corps ci-dessus dénommés, ainsi qu'aux élèves de première classe de la marine qui seront décorés d'une aiguillette en or.

Les sentinelles présenteront les armes aux grand'-croix, grand'officiers et commandeurs de l'ordre national de la Légion d'Honneur; elles les porteront aux officiers et chevaliers dudit ordre, à moins que par leur rang militaire elles ne doivent leur être présentées.

Mesures à prendre dans les corps-de-garde, dans le cas où le feu se manifesterait dans un tuyau de poële, ou dans une cheminée.

Si le feu prend dans un tuyau de poële, on enlèvera de suite le bois et la braise de ce poële, et on fermera hermétiquement les ouvertures; si cela ne suffit pas on démontera le tuyau avec soin, afin d'éviter la communication du feu à l'intérieur du corps-de-garde. Si ce tuyau passe dans une cheminée on bouchera de suite avec de la terre grasse ou par tout autre moyen, le trou par lequel il y communique.

Pour allumer le feu, on se servira de menus copeaux de chêne.

Il est défendu de se servir de ripes de sapin et de jeter au feu tout autre objet inflammable, on ne bourrera jamais le poële de bois, et on tiendra la main à ce que les tuyaux ne soient jamais rouges.

Si le feu prenait dans une cheminée on ne la boucherait jamais par l'extrémité supérieure, mais bien par le bas.

Le major-général de la marine recommande expressément aux chefs de poste, de veiller à ce que les militaires sous leurs ordres, n'entassent pas de bois dans le poële des corps-de-garde, afin d'empêcher que le tuyau ne s'engorge et d'éviter les évènements fâcheux qui pourraient en résulter, et qu'il met du reste sous leur responsabilité.

Éclairage de l'Arsenal.

Art. 1.

Un agent de l'entrepreneur de l'éclairage du Port couchera chaque nuit dans le poste des portiers de service, à la porte du Soleil, afin de pouvoir, lorsque les rondes rendront compte de l'extinction ou du mauvais éclairage d'un reverbère, aller en connaître la cause et y remédier aussitôt.

Art. 2.

Toutes les rondes des différents postes et les caporaux de pose, devront remarquer les reverbères qui seraient éteints ou éclaireront mal, et en rendre compte de suite à l'officier commandant des postes et à leurs chefs de poste.

Art. 3.

Le lendemain il devra être écrit sur le cahier de

rapport, s'il y a eu des reverbères éteints ou éclairant mal, en désignant le nombre et les lieux où ils sont placés, comme aussi l'heure à laquelle ils se sont éteints, ce qui en aurait été la cause et l'heure à laquelle ils auront été rallumés.

ART. 4.

Lorsque l'état de l'éclairage n'aura donné lieu à aucune plainte, le cahier de rapport devra exprimer : rien de nouveau la nuit dernière pour l'éclairage.

Rondes des Feux.

ART. 1.

Des rondes spéciales d'officiers préposés à la surveillance de l'extinction exacte des feux, seront faites chaque jour, et parcourront le Port et ses dépendances, elles devront circuler librement, en donnant seulement le mot de ralliement à toutes les sentinelles devant lesquelles elles passeront.

ART. 2.

Ces rondes seront introduites dans l'Arsenal par l'officier faisant la ronde-major. A leur entrée, tous les chefs de ronde de surveillance devront inscrire, sur un cahier déposé dans la salle de service du capitaine, le nombre de personnes qui les accompagnent, leur grade et signer. Ces mêmes chefs de ronde à leur sortie, inscriront sur le même cahier l'heure de la sortie, le nombre de personnes qui les accompagnent et signeront encore.

Le cahier sera chaque jour envoyé à la Majorité avec le rapport.

MODÈLE DU CAHIER.

ENTRÉE.			SORTIE.		
Nombre de personnes qui accompagnent le chef de ronde.	Grade du chef.	Signature du chef.	Heure de la sortie.	Nombre de personnes qui accompagnent le chef de r^de.	Signature du chef.

Ordre et Rapport.

ART. 1.

Chaque jour, avant d'envoyer au rapport, tout chef de poste dont les hommes auront dû charger leurs armes, fera sortir sa garde et ordonnera de décharger les armes en sa présence. La poudre et les balles provenant de cette opération, de même que celles provenant des cartouches détériorées, seront enfermées dans une boîte, et portées à la Majorité générale, par le sous-officier allant au rapport, pour être remplacées par de bonnes cartouches. Les chefs de poste seront responsables des pertes ou soustractions de munitions qui pourraient être faites par les hommes de leurs postes. Si le temps était trop mauvais, les armes seraient déchargées à l'intérieur du corps-de-garde, et en présence du chef du poste.

ART. 2.

Chaque commandant de poste enverra, une demi-heure avant l'ordre ou celle du rapport, soit un sous-officier, soit un caporal, à la porte du Soleil, pour prendre le mot ou porter le rapport, il tiendra la main à ce que ce sous-officier ou caporal soit toujours armé de son fusil.

ART. 3.

Chaque chef de poste devra ordonner à son sous-officier ou caporal, chargé de porter le rapport, de rendre compte au capitaine commandant les postes de l'Arsenal, de ce qui peut être survenu de nouveau à son poste, pendant le cours de son service; ce capitaine en fera son rapport au major-général, à la descente de la garde.

ART. 4.

L'ordre sera donné chaque jour, deux heures avant la débauchée des ouvriers, devant la Majorité-générale.

ART. 5.

Quelques minutes avant l'heure de l'ordre et celle du rapport, le sous-officier le plus ancien réunira à la porte de l'Arsenal, tous les sous-officiers et caporaux des divers postes, et les conduira en ordre au lieu indiqué pour ces services; ces services terminés, les sous-officiers d'ordre seront reconduits dans l'Arsenal.

Le plus ancien sous-officier ne fera rompre qu'après avoir rendu compte à l'officier commandant des postes des ordres donnés, des infractions qui auraient pû être commises par les sous-officiers d'ordre.

ROCHEFORT, LE 29 SEPTEMBRE 1849.

Les Membres de la Commission :

COLOMB, COURBET, LAMBERT, BÉRARD, SENTETZ, THIBAULT, FRIOCOURT, CHARIOT, BARBOTIN.

Le président de la commission chargée de la révision des anciennes consignes du port a l'honneur de soumettre à l'approbation de M. le Préfet le projet de nouvelles consignes arrêté par ladite commission.

Le Major-général de la marine,
THIBAULT.

Vu par le Contrôleur de la marine,
ESCANDE.

Vu et approuvé :
Le Contre-Amiral Préfet, C. LAPLACE.

MARINE ET COLONIES.

PORT DE ROCHEFORT.

CONSIGNES PARTICULIÈRES

DES

POSTES DE LA MARINE.

CORPS-DE-GARDE DE LA PORTE DU SOLEIL.

Du Capitaine de garde.

(Ce Capitaine commande tous les postes.)

ARTICLE PREMIER.

Le capitaine commandant les postes est chargé de veiller au maintien de l'ordre et à la sûreté de l'Arsenal de jour et de nuit; il pourra faire fermer et ouvrir la porte du Soleil de jour et de nuit, lorsqu'il le croira nécessaire, mais il devra en faire rendre compte immédiatement au major-général, en lui en faisant connaître les motifs.

Le gardien de service à la porte est sous les ordres immédiats du capitaine, pour l'opération d'ouvrir et fermer la porte.

ART. 2.

En cas d'alarme ou d'incendie dans le Port, pendant la nuit, il sera tiré, d'après l'ordre de M. le Préfet maritime, deux coups de canon du vaisseau-amiral, et la générale battra immédiatement dans l'Arsenal, excepté dans l'enceinte du bagne.

En conséquence, l'officier commandant les postes se disposera, au premier indice d'alerte, à faire tirer deux coups de canon, dès qu'il en aura reçu l'ordre. Il devra faire prévenir en même temps M. le Préfet maritime et le major-général du sujet de l'alarme, et informer du moindre danger l'officier de service à la direction du Port. Enfin il s'entendra avec ce dernier pour porter les premiers secours et donner les ordres convenables.

Durant le jour et la nuit, dès que la générale se fera entendre au poste de la porte du Soleil, la cloche de la tour des signaux ainsi que celle de tous les postes, excepté celle du bagne, sera sonnée en branle, et celles des deux postes les plus rapprochés du lieu de l'incendie tinteront pendant la première demi-heure, ensuite tant que l'incendie durera.

Dans ces circonstances, l'officier commandant le poste de la porte du Soleil fera surveiller les personnes qui chercheraient à sortir précipitamment du Port; elles seront arrêtées, à moins qu'elles ne soient très-connues.

Dans ce cas, il invitera le portier de service à prendre leurs noms et qualités, et l'heure à laquelle elles se seront présentées pour sortir.

ART. 3.

Dans le même cas d'alarme ou d'incendie, soit en ville, soit dans le Port, et à moins que les besoins ne soient extrêmement pressants, la porte restera fermée juqu'à ce qu'un officier-major de la marine ou un des officiers de la direction du Port se présente pour faire entrer ceux dont les secours seraient nécessaires. Dans aucun cas d'alarme ou d'incendie le capitaine commandant les postes ne pourra faire sortir de l'Arsenal des troupes appartenant à des postes intérieurs, sans un ordre de la majorité-générale.

ART. 4.

Le capitaine avec la garde de la porte et le renfort qu'il recevra, empêchera le désordre et enverra des patrouilles dans l'Arsenal.

ART. 5.

Il tiendra la main à ce que chaque sentinelle de

nuit ait dans sa giberne une cartouche pour s'en servir au besoin.

ART. 6.

Il fera rapport au major-général de tout ce qui se sera passé dans le Port, pendant la nuit, par suite du compte qui lui en aura été rendu par les différents postes de l'Arsenal, ainsi qu'il est expliqué à la consigne générale (ART. 38). Ce rapport sera dressé sur le cahier du poste de la porte du Soleil, à moins qu'il ne s'agisse d'événements extraordinaires, tels qu'incendie, insurrection et autres circonstances imprévues. Dans ce cas, le rapport en sera fait au major-général sur une feuille volante, sauf à en faire mention plus tard sur le cahier, s'il y a lieu.

ART. 7.

Il veillera et fera veiller à ce que les gardiens de l'Amiral aillent prendre les vivres des prisonniers qui devront être nourris par la cayenne du Port, et aura soin de s'assurer que ceux des prisonniers dont les familles doivent pourvoir à leur nourriture reçoivent ce qui leur est nécessaire; à cet effet, le gardien de l'Amiral préviendra lesdites familles aussitôt l'arrivée du prisonnier.

ART. 8.

Il fera monter les détenus sur le pont pour prendre l'air et leurs repas, une heure le matin et une heure l'après-midi, et, à cet effet, il recommandera aux sentinelles de redoubler de surveillance, afin d'éviter les évasions.

Dans le cas où le chef de poste de l'Amiral sera un officier, cet officier sera chargé de l'exécution des deux derniers articles.

ART. 9.

Le sergent du poste de la porte lui remettra le mot d'ordre cacheté. Dès que le mot d'ordre aura été donné il fera une visite des postes de l'Arsenal, afin de s'assurer que les sous-officiers ont bien rapporté les mots d'ordre et de ralliement. Dans le cas où quelques-uns les auraient défigurés, il les rectifiera.

Dans le cours de cette visite, il s'assurera que les sous-officiers et fusiliers sont à leur poste, aucun homme de garde ne pouvant s'éloigner, et assurera l'exécution de toutes les consignes. Il devra être de retour à son poste pour assister à la débauchée des ouvriers.

Art. 10.

L'officier commandant les postes sera prévenu par la majorité-générale dans les cas suivant :

Lorsque les travaux de l'Arsenal seront continués après le coup de canon de retraite ; lorsqu'on devra travailler dans le Port les dimanches et autres jours fériés : lorsqu'un bâtiment devra traverser le Port après le coup de canon de retraite, et alors il en donnera avis aux postes de l'avant-garde et de l'arrière-garde, qui en préviendront les sentinelles placées sur le bord de la rivière; enfin, lorsque par suite d'une évasion de forçats, la gendarmerie devra faire un service de nuit dans l'Arsenal ; dans cette circonstance, il donnera les mots d'ordre et de ralliement au brigadier commandant le détachement de gendarmerie, et fera prévenir tous les postes intérieurs.

Art. 11.

Le capitaine commandant des postes est prévenu que les clefs des magasins seront déposées dans sa chambre et enfermées dans un coffre fermant à clef.

La clef du dépôt général des clefs des bureaux et ateliers, les clefs qui sont nécessaires au capitaine pour faire ses rondes, les clefs de la grille de l'Arsenal pendant la nuit et le jour, lorsqu'il jugera nécessaire de faire fermer, seront aussi en dépôt dans sa chambre.

Seront seuls admis à prendre les clefs des magasins, les cinq agents des services du Port chargés du marron et des clefs des compartiments affectés à chaque service ; ces agents recueilleront et distribueront les clefs en dehors du poste.

La même mesure est applicable pour l'opération des rondes de feux.

La clef du dépôt général des clefs des bureaux et ateliers sera aussi retirée en échange d'un marron et remise à la débauchée.

Les clefs de la grille de l'Arsenal seront toujours déposées et retirées par le gardien de service à cette grille.

Toutes ces clefs seront reçues et retirées en présence du sous-officier de garde à la porte du Soleil et sous la responsabilité du capitaine commandant les postes.

Si les clefs dont il est parlé dans cet article n'étaient pas régulièrement remises à la chambre de service et dans les formes prescrites, le capitaine devrait en rendre compte au major-général.

Le capitaine ne délivrera pas les clefs des magasins, ateliers et bureaux, les jours non ouvrables, sans un ordre de la majorité.

Art. 12.

Il est spécialement chargé de veiller à ce que les coups de canon de retraite et de diane soient tirés aux heures fixées. A cet effet, il enverra le sergent du poste de la porte du Soleil ou le caporal, ou même à défaut de l'un d'eux un soldat muni d'un fanal, à bord de l'Amiral, un peu avant l'instant où le coup doit partir, de manière à faire mettre le feu à la pièce aussitôt que l'horloge aura frappé l'heure.

Art. 13.

Afin que dans les rondes qu'il fait, ou qu'il fait faire, le capitaine commandant les postes puisse s'assurer que les sentinelles fournies par les différents postes de l'Arsenal, sont bien sur les points qu'elles doivent occuper, il trouvera ci-après à l'article *pose des sentinelles*, la désignation des lieux où chacune d'elles doit faire faction. Il verra de même à l'article *rondes*, quelles sont celles que les différents postes doivent faire, et les heures auxquelles elles doivent avoir lieu.

Art. 14.

Le capitaine devant toujours assister à la débauchée des ouvriers, ordonnera au sergent du poste de la porte de tenir la garde sous les armes, l'arme au bras, sur le pavé en avant du poste, pour veiller au maintien de l'ordre à la sortie des ouvriers, et prêter main-forte aux portiers et à la gendarmerie en cas de besoin.

Art. 15.

Il fera ouvrir la porte du Soleil à tout agent de surveillance de la chiourme, qui sera envoyé pendant la nuit auprès du commissaire du bagne, pour rendre compte de quelqu'événement ou mesure importante que ce soit, lorsque, bien entendu, la personne qui se présentera sera escortée et nantie du mot d'ordre, que dans ces rares circonstances, l'officier commandant le poste du bagne est autorisé à donner avec le mot de ralliement.

Art. 16.

L'officier commandant les postes surveillera et fera surveiller le dépôt des cartouches qui existe dans un local dépendant de son poste, et dont la clef reste à la majorité-générale où le gardien préposé à l'entretien des corps-de-garde la prendra toutes les fois qu'il en aura besoin.

Art. 17.

L'officier de la porte du Soleil enverra, les dimanches et jours de fête, à la Majorité, la note des ateliers qui auront été ouverts et dont les clefs auront été délivrées par l'homme chargé de cette délivrance.

Art. 18.

Il devra consigner chaque jour sur le rapport, les heures auxquelles auront eu lieu toutes les rondes et patrouilles qui auront été faites pendant la nuit, sans en excepter aucune.

Art. 19.

Les consignes du poste de la porte du Soleil devront

rester dans la salle de service du capitaine. Il est recommandé à l'officier commandant les postes de les tenir dans l'état le plus parfait de propreté.

Art. 20.

La garde montante et descendante ne pourra entrer dans le Port ni en sortir pendant la débauchée des ouvriers, afin de ne pas troubler la sortie. Il est également défendu de laisser entrer et sortir qui que ce soit, excepté MM. les officiers ou employés des divers services, qui pourront alors passer par la grille du milieu.

Art. 21.

Tous les jours, l'officier commandant des postes fera ouvrir la grille à l'aumônier du bagne lorsqu'il se présentera pour sortir après le coup de canon de retraite. L'aumônier devra demander le mot de ralliement au commissaire du bagne ; si le commissaire est absent, le chef du poste du bagne le fera accompagner par un caporal muni d'un fanal, qui donnera le mot aux diverses sentinelles.

Art. 22.

Il laissera entrer et sortir, toutes les fois qu'il se présentera en uniforme, et à quelqu'heure que ce soit, l'officier chargé de l'observation des marées, lorsqu'il sera nanti du mot d'ordre. Il pourra également faire sortir les officiers qui se trouveraient à bord des canots et chaloupes, et que des raisons de service appelleraient en ville, sauf à en rendre compte le lendemain à la Majorité.

Art. 23.

L'officier commandant des postes devra, en prenant la garde, faire lecture au sergent ou au caporal du poste de la porte, de la partie de la consigne qui concerne le sergent.

Des Rondes.

Art. 1.

Le commandant des postes fera sa ronde en toute saison à l'heure indiquée par le major-général ; il parcourra toute l'étendue de l'Arsenal, visitera les postes et sentinelles, et ne reviendra à la salle de service qu'après un examen scrupuleux des lieux qui exigent le plus de surveillance.

Chaque fois qu'il y aura une ronde supérieure, cet officier ne fera la sienne qu'une heure après le passage de la ronde supérieure.

Il reconnaîtra dans sa ronde de nuit si les portes des ateliers et des magasins sont en bon état et bien fermées ; s'il n'a été commis aucune effraction, aucun désordre, et s'il n'y a rien qui puisse faire croire à l'existence d'un délit. En cas de contravention, cet officier prendrait immédiatement toutes les mesures qu'exigeraient les circonstances, et, s'il était nécessaire, il en rendrait compte immédiatement par écrit au major-général.

Il consignera tous les jours, sur le cahier de rapport, le résultat de ses recherches au sujet de ce qui vient d'être dit.

Art. 2.

Le sergent, avant le coup de canon de retraite, se rendra à la porte du Nord, accompagné d'un homme portant un fanal ; dès que le coup de canon sera tiré il s'assurera si elle est bien fermée.

Il continuera sa ronde, et suivra le long des corderies, examinera si toutes les fenêtres sont bien fermées, écoutera si on ne fait pas de bruit en dedans ou en dehors, verra s'il ne se passe rien d'extraordinaire à côté de la rivière, et se rendra à son poste, où, à son arrivée, il remettra la clef de la porte du Nord au commandant des postes.

Art. 3.

Le caporal du poste fera, en hiver comme en été,

à minuit, une ronde ; partant de son poste, il passera devant la direction du Port, visitera les alentours des forges, de là il ira devant les ateliers des étoupes, de l'avironnerie, de la sculpture, pour se rendre au dépôt des blessés, il détournera immédiatement à droite, passera devant les bureaux des ingénieurs pour se rendre jusqu'au mur du magasin-général, qu'il suivra pour aller directement au chemin de ronde qui longe la rivière jusqu'au chenal de la cloche, passera le pont de la cloche, rejoindra le bord de la rivière en passant le long du canal, en visitant le parc au lest, de là il reviendra à la corderie qu'il suivra jusqu'à la porte du Nord, où il déposera son marron, et retournera à son poste en longeant le bord de la rivière et visitant les ateliers de peinture et de la cayenne.

ART. 4.

Les différentes rondes que les autres postes de l'Arsenal doivent faire, sont indiquées par le tableau ci-joint.

POSTES.	CHEF de RONDE.	HEURE de LA RONDE.	LIEUX où se DÉPOSENT LES MARRONS
Porte du Nord.	Sergent.	11 heur.	Porte du Soleil.
	Caporal.	3 —	*Idem.*
Amiral.	Sergent.	1 —	Porte du Nord.
Direction du génie	Sergent.	1re 10 —	Avant-Garde.
		2e 2 —	
	Caporal.	3 —	Porte du Soleil.
Avant-Garde.	Caporal.	1 —	Direction du génie.
Rempart.	Sergent.	11 —	Avant-Garde.
	Caporal.	1 —	Direction du génie.
Bagne.	Sergent.	11 —	*Idem.*
	Caporal.	2 —	*Idem.*

Des Sentinelles.

Il sera posé une sentinelle de jour et de nuit, devant les armes, à laquelle il sera consigné de veiller au maintien de l'ordre et d'empêcher tout sous-officier, caporal et soldat de service dans l'Arsenal, de sortir de l'Arsenal sans l'autorisation du capitaine commandant les postes.

Les militaires de service au poste de la porte ne devront pas s'éloigner à plus de dix pas de la grille de l'Arsenal.

Il sera posé une autre sentinelle, également de jour et de nuit, à côté de la porte Saint-Louis ; laquelle devra empêcher toute communication avec l'extérieur, et veiller à ce que rien ne puisse passer par dessus les murs, ni par le guichet et autres ouvertures de la porte.

Cette porte ne s'ouvrira que sur un ordre spécial de l'officier commandant les postes.

Une troisième sentinelle de nuit sera posée à l'extérieur du local servant au logement des hommes employés à la machine hydraulique servant à l'épuisement des bassins.

Cette sentinelle sera chargée de la surveillance des feux allumés dans cet endroit.

Elle veillera à ce que le gardien chargé de la conduite de la machine hydraulique du bassin des Nouvelles-Formes, n'y laisse pénétrer personne étranger au service.

Sentinelles des Postes intérieurs de l'Arsenal.

Les différents lieux où sont posées les sentinelles des postes intérieurs de l'Arsenal lorsqu'ils sont au complet, sont indiqués dans le tableau suivant.

POSTES.	LIEUX OU SONT PLACÉES LES SENTINELLES.	DE JOUR.	DE NUIT.	TOTAL.
Porte du Soleil.	Devant les armes................	1	1	3
	Porte Saint-Louis................	1	1	
	Machine hydraulique............	»	1	
Bagne.	Devant les armes................	1	1	13
	Devant la salle des doubles chaînes..	1	1	
	Devant la salle Saint-Antoine.......	»	1	
	Devant la salle Saint-Gilles........	»	1	
	Devant les cellules..............	1	1	
	Derrière le bagne, 1re guérite......	1	1	
	— 2e —	»	1	
	— 3e —	»	1	
	— 4e —	1	1	
	Guérite extérieure, partie S. E. du bag.	»	1	
	— Près l'atelier des modèles...	»	1	
	— Près le chantier des embarcns.	1	1	
	— Près la porte de l'ancienne infirmerie................	»	1	
Porte du Nord.	Devant les armes................	1	1	2
	Mur de clôture au bord de la rivière.	»	1	
Amiral.	Devant les armes................	1	1	4
	Porte Est de la Corderie..........	»	1	
	Grille du Jardin public...........	1	1	
	Cour de la corderie.............	»	1	
Direction du Génie.	Devant les armes................	1	1	3
	Atelier des boussoles.............	1	1	
	Porte du Magasin général.........	1	1	
Avant-Garde.	Devant les armes................	1	1	5
	Porte-Rouge	»	1	
	Poudrière....................	1	1	
	Sur la jetée..................	1	1	
	Pont........................	»	1	
Rempart.	Devant les armes................	1	1	6
	Sur le rempart, vis-à-vis St-Maurice.	1	1	
	Près de l'écluse, derrière l'atelier des poulies....................	»	1	
	Sur le rempart, en face la porte de ronde..................	1	1	
	Guérite du Petit-Diable.......	1	1	
	Guérite du Grand-Diable......	1	1	

La pose des sentinelles variant en raison des besoins du service, on se conformera pour cette pose au tableau qui se trouve affiché dans le poste.

CORPS-DE-GARDE DU BAGNE.

De l'Officier.

ARTICLE PREMIER.

L'officier commandant le poste tiendra la main, sous sa responsabilité, à ce qu'aucun soldat de garde n'aille prendre du vin à la cantine du bagne.

ART. 2.

Il fera distribuer à chaque sentinelle de jour et de nuit, une cartouche qu'elle conservera dans sa giberne, pour s'en servir au besoin, et, indépendamment de cette disposition, il fera tous les soirs, avant la nuit, charger les armes.

ART. 3.

Il n'exécutera que les consignes qui lui sont données par le Préfet maritime ou le major-général de la marine; celles circonstancielles lui parviendront toujours par la voie du bureau du major-général.

ART. 4.

Si cependant des cas particuliers de service exigeaient impérieusement que le commissaire du bagne fît une demande étrangère aux dispositions contenues dans la présente consigne, le chef du poste devrait y avoir égard; mais il lui est recommandé de ne recevoir de telles demandes qu'autant qu'elles seraient faites par écrit et signées par le commissaire du bagne.

En l'absence du commissaire du bagne, le chef du poste optempérera aux demandes semblables qui lui seraient faites par l'officier du commissariat remplaçant momentanément le commissaire.

Toutes demandes de ce genre qui seront reçues et

exécutées par l'officier seront présentées le lendemain au bureau-major.

ART. 5.

Il ne pourra refuser au commissaire du bagne, ni aux employés sous ses ordres, les soldats qui lui seraient demandés pour accompagner des malades à l'hôpital.

Ces sortes de demandes seront faites verbalement.

ART. 6.

Aucun feu ne devra être allumé dans les casernes des gardes, depuis huit heures du soir jusqu'au coup de canon de diane.

Dans le cas où quelques-uns de ces gardes seraient surpris entretenant ou rallumant du feu, l'officier commandant le poste en ferait prévenir l'adjudant de service au bagne, qui, sous sa responsabilité, est chargé de faire éteindre les feux. L'officier commandant le poste en rendrait compte au rapport le lendemain.

ART. 7.

Du 2 novembre au 1er mars de chaque année, les feux des cuisines du bagne pourront être allumés à minuit pour la cuisson de la soupe aux condamnés destinés aux travaux de l'Arsenal.

ART. 8.

Il donnera ou fera donner le mot de ralliement au 1er adjudant des agents de surveillance, lorsqu'il se sera évadé quelque forçat dans le Port, lorsque celui-ci le lui demandera; toutefois, le mot d'ordre ne sera donné à ce sous-officier que sur la demande qu'il en aura faite et après le coup de canon de retraite.

ART. 9.

Les clefs des coffres qui contiennent les munitions de guerre, déposées au poste pour son usage, devront toujours rester entre les mains de l'officier; celui-ci sera présent à l'ouverture des coffres lorsqu'on aura besoin d'y puiser.

ART. 10.

Toutes les fois que le premier adjudant de service le réclamera, par suite d'événements troublant l'ordre dans l'intérieur du bagne, l'officier commandant le poste permettra sur-le-champ qu'un agent de surveillance aille avertir le chef de son service; il lui facilitera les moyens de sortir du Port, en lui donnant les mots d'ordre et de ralliement et une escorte; mais en même temps il fera prévenir le capitaine commandant les postes, qui en informera immédiatement le Préfet maritime et le major-général, afin que les secours les plus prompts soient donnés.

ART. 11.

La clef de la porte qui communique avec le rempart derrière le bagne, lui sera remise tous les jours au coup de canon de retraite; il enverra aussitôt un caporal de son poste s'assurer de la fermeture de cette porte. Il gardera la clef jusqu'au coup de canon de diane, il ne s'en désaisira pendant ce temps que lorsqu'elle lui sera réclamée par le commissaire du bagne ou l'adjudant de service, ou lorsqu'il le jugera nécessaire pour le service, et elle lui sera rendue aussitôt que la cause pour laquelle il l'aura confiée aura cessé. Elle sera rendue le lendemain matin à l'agent de surveillance qui viendra la réclamer.

Le major-général ne saurait trop recommander à l'officier commandant le poste du bagne de veiller par lui-même à l'exécution de cette disposition.

Cette porte ne sera ouverte que les jours ouvrables, on la tiendra aussi fermée pendant le temps de la débauchée.

ART. 12.

Il fera faire pendant le jour, par le sergent et le caporal sous ses ordres, de fréquentes rondes, pour s'assurer que les sentinelles sont alertes, et se conforment à leur consigne. A onze heures du soir il fera faire par le sergent, et à deux heures du matin par le caporal, une ronde, tant à l'intérieur qu'à l'extérieur du bagne, pour s'assurer que tout est tranquille et en bon ordre.

ART. 13.

Il est recommandé à l'officier commandant le poste du bagne, de n'employer qu'avec la plus grande réserve les pièces d'artillerie qui sont mises à sa disposition. Il n'y a qu'une émeute ou une révolte bien flagrante parmi les condamnés, qui puisse en justifier l'emploi.

ART. 14.

Si les condamnés cherchaient à s'évader et que le commissaire du bagne ou les adjudants de service pensassent qu'il fût nécessaire de tirer dessus, l'officier optempérerait à la réquisition qui lui en serait faite, en appelant au secours du poste les postes environnants.

ART. 15.

Chaque fois que les forçats sortiront pour aller au travail, au moment des embauchées, ou qu'ils rentreront au moment des débauchées, la garde devra être sous les armes ; les fusils seront chargés.

ART. 16.

Les armes ne devront être déchargées qu'après la sortie des condamnés qui doivent aller sur les travaux, et avant la rentrée des hommes dans leur poste.

ART. 17.

Il est recommandé à l'officier commandant le poste de tenir les consignes dans l'état le plus parfait de propreté.

ART. 18.

Cet officier, en prenant la garde, devra faire lecture au sergent du poste de la partie de la consigne qui concerne le sergent.

Du Sergent.

Art. 1.

Au coup de canon de retraite, les clefs des deux grilles de la cour seront remises au sergent du poste, qui ne les rendra qu'au coup de canon de diane; ces portes ne seront ouvertes pendant la nuit que pour aller relever les sentinelles, pour les rondes et les cas extraordinaires, à la réquisition de l'adjudant de service. Il prêtera main-forte toutes les fois qu'elle sera réclamée.

Art. 2.

Il empêchera toute espèce de communication entre les militaires de service et les condamnés. Il est défendu aux militaires de s'éloigner de devant le poste.

Des Sentinelles.

Art. 1.

Les sentinelles n'auront aucune police sur les logements des agents de surveillance; néanmoins s'il s'y faisait du bruit ou s'il s'y commettait quelque désordre, elles en avertiraient le chef du poste, pour qu'il y fût porté remède en en faisant prévenir l'adjudant de service.

Art. 2.

Il sera posé une sentinelle de jour et de nuit devant les armes, à laquelle il sera consigné de marquer les heures avec le battant de la cloche, suivant l'usage des quarts à bord, de demi-heure en demi-heure, depuis le coup de canon de retraite jusqu'à celui de diane; elle se règlera sur l'horloge du rempart ou du bagne, veillera avec la plus grande attention à la sûreté de cet établissement, portera sa vue sur toute l'étendue qu'elle pourra découvrir; et, dans le cas où elle s'apercevrait de l'évasion de quelque forçat, elle en avertirait promptement le chef du poste.

ART. 3.

Il sera posé une sentinelle devant les portes des cellules ; cette sentinelle ne laissera approcher des cellules que les adjudants et les gardes, lorsque ces derniers seront accompagnés d'un caporal ; elle devra exiger le plus grand silence de la part des condamnés, et ne répondre à aucune de leurs questions ; si elle entendait le moindre bruit ou s'il se passait quelque chose qui lui parût suspect, elle en avertirait immédiatement le chef du poste qui ferait prévenir l'adjudant de service.

Cette sentinelle ne reconnaîtra la nuit ni rondes, ni patrouilles ; personne excepté l'officier, le sous-officier et les caporaux de son poste ne pouvant approcher d'elle sans être reconnu par la sentinelle qui est devant les armes.

ART. 4.

Il sera placé quatre sentinelles derrière le mur des salles de force, deux de vingt-quatre heures, et deux de plus la nuit.

ART. 5.

Trois autres sentinelles seront placées devant les salles de force, à quelque distance de la porte, l'une devant la salle des doubles chaînes, de jour et de nuit, les autres devant les salles Saint-Antoine et Saint-Gilles, de nuit seulement. Une sentinelle sera placée, de jour et de nuit, près le chantier des embarcations ; une autre, de nuit, devant la porte de l'infirmerie du bagne, une près l'atelier des modèles, de nuit seulement, et une encore à la guérite extérieure placée à la partie Sud-Est du bagne, également de nuit. Ces différentes sentinelles veilleront attentivement à ce que les forçats ne puissent s'évader en faisant des trous aux murs, ou en limant les barres de fer des fenêtres ; s'ils s'en approchaient trop près, les sentinelles les en feraient retirer ; s'ils étaient parvenus à sortir des salles et que l'on ne pût les arrêter, on tirerait dessus.

BAGNE.

LIEUX OU SONT POSÉES LES SENTINELLES.	DE JOUR.	DE NUIT.	TOTAL
Aux cellules.	1	1	
Devant les armes.	1	1	
Devant la salle des doubles chaînes. .	1	1	
— de Saint-Antoine. . .	»	1	
— de Saint-Gilles. . .	»	1	
Derrière le bagne, 1re guérite. . .	1	1	
2e — . . .	»	1	13
3e — . . .	»	1	
4e — . . .	1	1	
Guérite extérieure partie sud-est. . .	»	1	
Près l'atelier des modèles.	»	1	
Près le chantier des embarcations. .	1	1	
Près la porte de l'ancienne infirmerie.	»	1	

La pose des sentinelles pouvant varier en raison des besoins du service, on se conformera à cet égard au tableau de pose qui existe dans le poste.

Dispositions concernant les six artilleurs de garde.

Les six artilleurs de la marine qui entrent dans la composition du poste du bagne, concourront avec les autres militaires de ce poste à faire la faction, mais ne pourront être placés que devant les armes et aux cellules, jusqu'à concurrence du même nombre d'heures de faction que les autres militaires du poste.

Lorsque la troupe devra sortir, ils sortiront également et se tiendront auprès des pièces. Ils ne pourront être assujettis à aucun autre service. Ils feront la garde de vingt-quatre heures et ne pourront abandonner le poste, sous aucun prétexte, avant d'avoir été relevés.

CORPS-DE-GARDE DE L'AMIRAL.

Du Sergent.

ARTICLE PREMIER.

Le chef du poste fera distribuer à chaque sentinelle de nuit une cartouche qu'elle conservera dans sa giberne, pour s'en servir au besoin.

ART. 2.

Il tiendra la main à ce que les personnes qui apporteront à manger aux prisonniers détenus sur le bateau-amiral ne restent pas à bord plus d'une heure le matin et une heure le soir.

ART. 3.

Il est prévenu que les militaires ou toute personne appartenant à la marine, qui seront envoyés par punition à bord de l'Amiral, devront y être conduites par un sous-officier du corps ou par un agent de la direction dont le prévenu dépend. Le billet indiquera le nom et la qualité de ce dernier, et le temps que doit durer la détention.

Ce même billet sera visé au bureau de l'état-major de la marine, et sera rapporté le lendemain matin au rapport.

Les prisonniers à bord de l'Amiral ne pourront en sortir que sur le visa du major-général, d'un aide ou sous-aide-major.

Quant aux individus qui seront envoyés par la direction du Port, le visa de la Majorité ne sera pas nécessaire ; il suffira que le chef du poste de l'Amiral consigne, sur son cahier de rapport, les noms des hommes de cette direction qui seront en état de détention au moment du rapport, ou qui auront été mis en liberté pendant le cours de son service.

ART. 4.

Il ne souffrira sous aucun prétexte que les hommes de garde puissent entrer dans l'enceinte où se trouvent les bureaux de la direction des travaux hydrauliques.

ART. 5.

Le chef du poste de l'Amiral s'assurera, lors de la fermeture de la barrière de la cour de la corderie, qu'il ne reste personne dans la cour; la clef de cette barrière restera déposée à son poste jusqu'à l'embauchée des ouvriers.

Des Sentinelles.

ART. 1.

Il sera posé de jour et de nuit une sentinelle devant les armes, à qui il sera consigné de marquer les heures avec le battant de la cloche, suivant l'usage des quarts à bord, de demi-heure en demi-heure, depuis le coup de canon de retraite jusqu'à celui de diane.

Elle se réglera, pour cet effet, sur l'horloge la plus près du poste.

Elle ne laissera rentrer dans la corderie et par la porte à côté que les ouvriers et les personnes très-connues, et les étrangers qui en auraient la permission du Préfet maritime ou du major-général de la Marine. Elle veillera au maintien du bon ordre autour de la pompe et empêchera que l'on ne perde l'eau.

ART. 2.

Une deuxième sentinelle, de nuit seulement, dans la cour de la corderie, qui devra veiller à ce que qui que ce soit ne puisse, en descendant par le mur du Jardin public, pénétrer dans le Port, soit pour y commettre des vols, soit pour tout autre motif.

ART. 3.

Une troisième sentinelle, de nuit seulement, sera posée à la porte Est de la corderie; elle empêchera qu'aucune effraction soit commise dans cet établissement.

ART. 4.

Une quatrième sentinelle, de jour et de nuit, sera

placée à la grille du Jardin public, afin d'empêcher les vols qui pourraient avoir lieu à travers la grille du jardin, par des personnes placées de chaque côté; cette même sentinelle ne devra laisser approcher de la grille aucun individu autre que les officiers en uniforme et les militaires de garde; elle s'opposera à ce que des députations d'ouvriers ou un rassemblement quelconque ne se porte à la grille de la Préfecture, pour voir le Préfet ou lui adresser des réclamations.

NOTA. — La pose des sentinelles variant en raison des besoins du service, on se conformera pour cette pose au tableau qui se trouve affiché dans le poste.

Rondes.

ARTICLE PREMIER.

Le sergent commandant le poste fera sa ronde, en été comme en hiver, à une heure de la nuit; partant du poste, il passera devant le jardin, les forges des bassins, la cayenne et le long du mur des bureaux de l'hôtel du commissariat, ira jusqu'au pont de la cloche, s'en reviendra le long de la rivière jusqu'à la porte du Nord, où il déposera son marron, continuera sa route en passant le long de la corderie et rejoindra son poste.

NOTA. — Il est défendu aux chefs de poste d'écrire quelque chose que ce soit sur la présente consigne; il leur est au contraire recommandé de veiller à ce qu'elle soit tenue dans l'état le plus parfait de propreté.

Le chef du poste entre les mains duquel la consigne sera trouvée malpropre ou déchirée, sera réputé avoir lui-même commis cette infraction, et puni de trois jours de salle de police, conformément au nota établi en tête de la présente consigne.

CORPS-DE-GARDE DE LA DIRECTION DU GÉNIE.

Du Sergent.

ARTICLE PREMIER.

Si le feu prenait dans le Port, pendant la nuit, le chef du poste enverrait sur-le-champ en prévenir le capitaine de la porte du Soleil; il enverrait aussi, sur les lieux de l'incendie, un caporal et deux fusiliers pour maintenir le bon ordre, en attendant qu'il vînt un détachement. Des patrouilles seraient également faites aux environs du poste.

ART. 2.

Il fera distribuer à chaque sentinelle de nuit une cartouche qu'elle conservera dans sa giberne, pour s'en servir au besoin; ces cartouches seront remplacées au rapport, par la Majorité générale, lorsqu'elles seront détériorées.

ART. 3.

Tous les soirs, au coup de canon de retraite, il enverra le caporal du poste fermer la porte de la cour de l'atelier des pompes.

Cette porte sera ouverte le lendemain par le même caporal, au coup de canon de diane; la clef restera déposée au poste.

Des Sentinelles.

ART. 1.

Il sera placé une sentinelle, de jour et de nuit, devant les armes, à qui il sera consigné de marquer les heures avec le battant de la cloche, suivant l'usage des quarts à bord, de demi-heure en demi-heure, depuis le coup de canon de retraite jusqu'à celui de diane; elle se réglera à cet effet sur les autres corps-de-garde ou sur les gardiens des vaisseaux.

ART. 2.

Il sera posé, pendant le jour et la nuit, une seconde

sentinelle près l'atelier de la chaudronnerie, à la guérite placée près de la pompe. Elle aura pour consigne d'empêcher toute communication entre l'Arsenal et l'extérieur, sur toute l'étendue qu'elle pourra découvrir, et veillera à ce que personne ne s'introduise pendant la nuit dans la cour qui est à côté; elle empêchera encore de laver dans le ruisseau d'écoulement de l'atelier des machines.

ART. 3.

Une troisième sentinelle, de jour et de nuit, sera placée devant la porte principale du magasin général; elle aura pour consigne particulière d'empêcher pendant la nuit toute communication de l'extérieur avec le magasin général.

NOTA. — La pose des sentinelles variant en raison des besoins des services, on se conformera, pour cette pose, au tableau qui se trouve affiché dans le poste.

Des Rondes.

ART. 1.

A dix heures du soir, en toute saison, le sergent fera une ronde : partant du poste, il se dirigera le long de la rivière, jusqu'au poste de l'avant-garde, où il déposera son marron; il reviendra en faisant le tour du hangar de la mâture, passera le long de la tonnellerie et du magasin général, tournera au coin du bagne pour aller passer devant le magasin à fer qui est derrière la direction du génie, et rejoindra son poste.

ART. 2.

Outre la ronde dont il vient d'être parlé, le sergent en fera une seconde à deux heures du matin, dans laquelle il visitera toutes les parties des cours de l'atelier des pompes, et rejoindra son poste en contournant le chenal et passant sur le pont de la cloche.

ART. 3.

A trois heures du matin, le caporal du poste

fera également une ronde dans laquelle il visitera, comme le sergent, le long de l'atelier des pompes et de la chaudronnerie, ira vers le poste de la porte du Soleil, où il déposera son marron, puis il rejoindra son poste en allant à la chaussée qu'il longera, et ira passer sur le pont de la cloche.

Nota. — Il est défendu aux chefs de poste d'écrire quelque chose que ce soit sur la consigne; il leur est au contraire recommandé de veiller à ce qu'elle soit tenue dans l'état le plus parfait de propreté.

Le chef de poste entre les mains duquel la consigne sera trouvée malpropre ou déchirée, sera réputé avoir commis lui-même cette infraction, et puni de trois jours de salle de police, conformément au nota établi en tête de la présente consigne.

CORPS-DE-GARDE DE L'AVANT-GARDE.

Du Sergent.

Article Premier.

En cas d'alarme ou d'incendie dans le Port, le sergent enverra sur-le-champ en prévenir l'officier commandant le poste de la porte du Soleil; il fera faire des patrouilles à côté de la mâture et de la tonnellerie, ainsi que dans la cour du magasin-général, s'il en est requis.

Art. 2.

Il fera distribuer à chaque sentinelle de nuit une cartouche qu'elle conservera dans sa giberne, pour s'en servir au besoin. Ces cartouches seront remplacées au rapport par la Majorité-générale, lorsqu'elles seront détériorées.

Art. 3.

Le chef du poste de l'Avant-Garde devra, chaque soir, à quatre heures, donner le mot de ralliement au gardien qui couche dans l'enceinte des magasins de l'artifice.

ART. 4.

Il fera mouiller, hors de l'enceinte du Port, tout bâtiment n'appartenant pas à l'État et venant du large, s'il n'est muni d'un billet d'entrée qui devra être remis au gardien du poste flottant, préposé pour ce service.

Quant aux bâtiments sortant du Port, il ne leur permettra de continuer leur route, qu'autant qu'il aura été prévenu par le gardien du poste flottant que ces bâtiments ont été visités et ont remis leur billet de passe. Il donnera à ce sujet des ordres à la sentinelle devant les armes.

ART. 5.

Chaque soir, le sergent recevra du gardien de la Porte-Rouge la clef de cette porte, et la lui rendra le lendemain.

ART. 6.

Si, du coup de canon de retraite à celui de diane, une embarcation, après avoir été hêlée et sur laquelle on aurait fait feu, continuait à s'introduire dans le Port, le sergent devrait s'empresser d'envoyer un caporal et deux fusiliers pour surveiller cette embarcation et en arrêter le patron aussitôt qu'il aurait accosté.

ART. 7.

Tous les bâtiments qui se présenteront pour entrer dans le Port et qui auront des poudres à bord, devront mouiller en dehors; cette mesure de sûreté ne saurait être exécutée avec trop de ponctualité.

Les bâtiments qui auront de la chaux vive à bord devront également mouiller en dehors, à moins que cette chaux ne soit renfermée dans des futailles.

ART. 8.

Il ne permettra à aucun individu appartenant à un navire non français, de se rendre dans la partie du Port contiguë à la poudrière et aux ateliers de l'artifice, à moins cependant qu'il n'ait à produire une autorisation émanant de la Majorité-générale.

ART. 9.

Lorsqu'il devra y avoir quelque mouvement de poudre, le poste en sera informé par l'officier d'artillerie chargé de diriger et surveiller cette opération. Dans ce cas, le sergent fera fournir les sentinelles qui lui seront demandées, pour faire écarter les tonnes ou voitures qui, par leur choc, pourraient produire du feu.

Il fera éteindre les feux les plus rapprochés du point de débarquement et le long du chemin de communication, jusqu'au magasin à poudre.

ART. 10.

Le sergent devra prêter main-forte au gardien de la Porte-Rouge, si celui-ci le demandait; dans ce cas, il en serait rendu compte au rapport du lendemain.

Des Sentinelles

ART. 1.

Il sera posé une sentinelle, de jour et de nuit, devant les armes, son poste sera au Sud près des arbres; il lui sera consigné de piquer les heures avec le battant de la cloche, suivant l'usage des quarts à bord, de demi-heure en demi-heure; elle se réglera, à cet effet, sur celle du poste du rempart.

Elle empêchera qu'aucun bâtiment français ou étranger n'entre ni ne sorte de jour, sans un billet de la Direction du Port; si les bâtiments s'efforçaient de vouloir passer sans donner leur billet, elle tirera dessus; elle préviendra immédiatement le sergent dans le cas où le gardien de la Porte-Rouge demanderait du secours.

Du coup de canon de retraite à celui de diane, aucun bâtiment n'entrera dans le Port ni n'en sortira sans un ordre par écrit du Préfet maritime ou du major-général de la Marine, ou porté verbalement par un officier-major; dans l'un ou l'autre cas, le rapport en sera fait le lendemain à la Majorité-générale.

Si quelque bâtiment de l'État ou appartenant à des particuliers, était [illegible] par le [illegible] de [illegible], il sera [illegible] corps-de-garde. Il n'y a que les bâtiments de l'État qui puissent entrer de jour dans ce chenal qui fait la séparation du Port.

La nuit, ce canal sera ouvert à tous les bâtiments qui couleraient bas d'eau, quand bien même ils appartiendraient à des particuliers.

ART. 2.

Il sera posé une autre sentinelle de nuit à la Porte-Rouge, qui [illegible] lui sera [illegible] pendant la nuit, [illegible] le fossé d'enceinte pour sortir en [illegible]. Si quelque forçat voulait passer pour s'évader, la sentinelle l'arrêterait ou tirerait dessus si elle ne pouvait le joindre.

ART. 3.

Il sera posé une [illegible] sentinelle, de jour et de nuit, près la poudrière. Elle empêchera que l'on n'ouvre la porte du magasin à poudre qui est du côté du bagne, hors la présence d'un officier de la direction d'artillerie ou d'un maître canonnier qui, dans ce cas, doit avoir un caporal et deux fusiliers de la garde; il sera permis aux maîtres d'entrer de l'autre côté avec leurs gens, pour y prendre la poudre nécessaire à la confection des artifices. Elle empêchera que l'on ne dépose quoi que ce soit, bois, pierre ou autre chose, auprès de la poudrière. Cette sentinelle arrêtera les condamnés qui circuleraient sans leurs gardes.

ART. 4.

Il sera posé une sentinelle, de jour et de nuit, sur la jetée du canal qui part de la Porte-Rouge et va à la rivière; elle empêchera qui que ce soit de communiquer du dehors avec l'intérieur de l'emplacement de l'arsenal; elle veillera tout autour de l'enceinte et ne laissera circuler dans l'enceinte que les personnes qui lui seront désignées par le maître de l'artifice.

Personne ne pourra s'introduire dans l'enceinte par la rivière ni par la prairie de Martrou.

ART. 3.

Une sentinelle de nuit seulement sera posée au pont situé dans la partie Nord de l'enceinte de l'artifice; elle ne laissera communiquer qui que ce soit de la rivière avec l'enclos de cet atelier.

NOTA. — La pose des sentinelles, variant en raison des besoins du service, on se conformera, pour cette pose, au tableau qui se trouve affiché dans le poste.

Des Rondes.

ART. 4.

A une heure de la nuit, en toute saison, le caporal fera une ronde : partant du poste, il passera le long du chenal de la fosse aux mâts, fera le tour de la mâture et de la tonnellerie, reviendra le long des forges et de la mâture, prolongera les magasins particuliers et le magasin-général; rendu au coin du bagne, il tournera à gauche pour passer devant les magasins à étoupe, chantiers des chaloupes et ateliers des cabestans et gouvernails; de là, il se dirigera sur le poste de la direction du génie, où il déposera son marron, et retournera à son poste par le chemin le plus direct.

NOTA. — Il est défendu aux chefs de poste d'écrire quelque chose que ce soit sur la présente consigne; il leur est au contraire recommandé de veiller à ce qu'elle soit tenue dans l'état le plus parfait de propreté.

Le chef du poste entre les mains duquel la consigne sera trouvée malpropre ou déchirée, sera réputé avoir commis lui-même cette infraction, et puni de trois jours de prison ou de salle de police, conformément au *nota* établi en tête de la présente consigne.

CORPS-DE-GARDE DU REMPART.

Du Sergent.

ARTICLE PREMIER.

En cas d'incendie dans le Port pendant la nuit, le chef du poste enverra sur-le-champ prévenir le capitaine de la Porte du Soleil; il enverra aussi sur le lieu de l'incendie deux fusiliers pour y maintenir le bon ordre, en attendant qu'il y vienne un détachement. Des patrouilles seront faites aux environs du poste.

ART. 2.

Il veillera avec la plus grande attention à ce que les factionnaires n'aient aucun entretien avec les forçats, et leur recommandera d'arrêter tout forçat qui ne serait pas accompagné d'un garde.

ART. 3.

Il recommandera la plus grande surveillance à ses sentinelles, qui devront s'attacher à prévenir l'évasion des condamnés, et fera faire des rondes de jour fréquentes par le caporal, pour s'assurer de la vigilance des sentinelles.

ART. 4.

Il recommandera encore à ses sentinelles d'empêcher qu'il ne soit placé des planches qui permettraient le passage de l'Arsenal à la prairie de Martrou.

ART. 5.

S'il arrivait quelqu'alerte dans le Port, il ferait de suite doubler les sentinelles, et tiendrait le reste de sa garde sous les armes.

ART. 6.

En arrivant au poste, il fera charger les armes de sa garde et distribuer en outre, à chaque homme, deux cartouches, pour s'en servir au besoin; à la descente de la garde, ces deux cartouches, après avoir été visitées, seront remises à la garde montante. Tous les matins, les balles et la poudre provenant des armes déchargées, seront remises au rapport au bureau de la Majorité-générale, qui les remplacera par des cartouches.

Des Sentinelles.

Art. 1.

Il sera posé une sentinelle devant les armes, à laquelle il sera consigné de marquer les heures avec le battant de la cloche, suivant l'usage des quarts à bord, de demi-heure en demi-heure, depuis le coup de retraite jusqu'à celui de diane; elle se réglera, à cet effet, sur les autres corps-de-garde ou sur les gardiens de vaisseaux.

Art. 2.

Il sera posé une autre sentinelle, également de jour et de nuit, à la guérite dite du Grand-Diable, située à l'extrémité du mur qui conduit de la salle de l'ancienne infirmerie à la fosse aux mâts. Elle aura pour consigne de ne laisser passer aucun forçat le long du mur, de ne rien laisser jeter au dehors, ni souffrir que qui que ce soit puisse s'introduire dans l'Arsenal en franchissant le fossé ou la palissade, et de s'opposer à toute communication de l'intérieur à l'extérieur et réciproquement.

Art. 3.

Une troisième sentinelle, de jour et de nuit, sera placée à l'autre extrémité du rempart, vis-à-vis Saint-Maurice; elle ne souffrira pas que les particuliers lavent leur linge dans le fossé, de quelque côté que ce soit, ni qu'ils puissent s'en approcher, soit le jour, soit la nuit, et veillera à ce que l'on ne jette rien de l'intérieur à l'extérieur.

Art. 4.

Une quatrième sentinelle, de jour et de nuit, sera placée sur le rempart, à la porte de ronde, elle aura la même consigne que la sentinelle dont il est parlé à l'art. 3.

ART. 5.

Une cinquième sentinelle, de jour et de nuit, sera placée sur le rempart, à la guérite du Petit-Diable; elle aura la même consigne que les deux sentinelles art. 3 et 4.

ART. 6.

Une sixième sentinelle, de nuit, sera placée sur le bord du canal, derrière l'atelier des poulies, près de l'écluse ; cette sentinelle aura la même consigne que celle des art. 3, 4 et 5.

Les blanchisseurs et ouvriers sont compris dans cette mesure.

NOTA.— La pose des sentinelles, variant en raison des besoins du service, on se conformera, pour cette pose, au tableau qui se trouve affiché dans le poste.

Rondes.

ARTICLE PREMIER.

Les portes qui communiquent du rempart à l'Arsenal, à côté de l'ancienne infirmerie, ne devant être ouvertes, comme les autres issues du Port, que du coup de canon de diane à celui de retraite, le chef du poste veillera au maintien de cette disposition et s'assurera, par une ronde qu'il fera lui-même, aussitôt le coup de canon de retraite, que ces portes sont bien fermées.

Il en gardera les clefs à son corps-de-garde pendant la nuit, et ne les confiera à qui que ce soit, à moins que les besoins du service ne le commandent impérieusement. Dans ce cas, il en sera rendu compte au rapport du lendemain à la Majorité générale, et, sur-le-champ, à l'officier commandant les postes de l'Arsenal.

ART. 2.

Le chef du poste fera une ronde à onze heures, en

toute saison ; il ira passer par la porte de ronde à côté de l'ancienne infirmerie, visitera tout le terrain compris entre la poudrière, l'infirmerie et le magasin-général, ira déposer son marron à l'avant-garde, et reviendra le long du magasin-général, ira passer près la salle des modèles, et rentrera en passant à côté du chantier des embarcations.

Art. 3.

A une heure de la nuit en toute saison, le caporal du poste fera une ronde en passant vis-à-vis le chantier des embarcations, suivant tous les ateliers sur le même alignement, passera auprès des forges, ira déposer son marron à la direction du génie, et reviendra en passant devant le bagne.

Art. 4.

Les sentinelles placées le long du rempart ayant pour consigne d'empêcher qui que ce soit de franchir le fossé, soit pour sortir du Port, soit pour y entrer, arrêteront tout individu qui leur paraîtrait suspect ou qui serait nanti d'objets quelconques, enlevés dans le Port.

En cas d'arrestation, la sentinelle appellera le caporal du poste, et celui-ci devra faire garder le délinquant jusqu'au lendemain, si l'arrestation a lieu pendant la nuit; on le conduira immédiatement au poste de la Porte du Soleil, si c'est pendant le jour.

La pose des sentinelles, variant en raison des besoins du service, on se conformera, pour cette pose, au tableau qui est affiché dans le poste.

Nota. — Il est défendu aux chefs de poste d'écrire quelque chose que ce soit sur la consigne ; il leur est au contraire recommandé de veiller à ce qu'elle soit tenue dans l'état le plus parfait de propreté; le chef de poste entre les mains duquel la consigne sera trouvée malpropre ou déchirée, sera réputé avoir commis lui-même cette infraction, et puni de trois jours de prison ou de salle de police, conformément au nota établi en tête de la présente consigne.

CORPS-DE-GARDE DE LA VIEILLE-FORME.

Du Sergent.

ARTICLE PREMIER.

Le chef de poste fera donner main-forte au directeur des subsistances de la Marine, ainsi qu'à tous ceux qui le demanderont dans l'intérêt du service de l'Etat, soit au port marchand, soit au magasin des subsistances.

ART. 2.

Pendant les heures d'embauchée et de débauchée, le chef de poste tiendra sa garde sous les armes, l'arme au bras, sur le pavé en avant du poste, pour veiller au maintien de l'ordre, à la sortie ou à la rentrée des ouvriers et prêter main-forte en cas de besoin.

La garde se tiendra à l'abri devant le corps-de-garde, l'arme au pied, lorsque les grandes chaleurs et le mauvais temps l'y obligeront.

Le chef de poste secondera de tous les moyens le gardien de la Vieille-Forme, de telle sorte qu'il ne puisse être rien soustrait de l'établissement.

ART. 3.

S'il arrivait que le sergent de garde s'aperçût que le feu se fût manifesté soit à la Vieille Forme, soit à la caserne Charente ou au magasin des subsistances, il en ferait immédiatement donner avis au Préfet maritime et au major-général; il enverrait en même temps au lieu de l'incendie deux fusiliers pour maintenir le bon ordre, en attendant qu'il reçût un détachement qu'il emploierait à former des patrouilles, pour être dirigées sur les points qui réclament le plus de surveillance.

ART. 4.

Tous les soirs, au coup de canon de retraite, les clefs de la porte de la Vieille-Forme, de même que celles de la barrière placée près des bains publics et de la porte du chantier des constructions hydrauliques, seront déposées au corps-de-garde, dans la boîte fermant à clef, placée à cet effet dans ledit corps-de-garde; le chef de poste remettra ces clefs tous les matins au coup de canon de diane.

Il aura seul la clef de cette boîte, et sera responsable des clefs qu'elle renferme.

Si, pendant la nuit, quelque circonstance extraordinaire nécessite l'ouverture de la porte de la Vieille-Forme ou des issues dont il vient d'être parlé, le chef du poste les fera ouvrir, conformément aux ordres qu'il aura reçus de la Majorité-générale, en ayant soin de faire prévenir le portier qui, dans tous les cas, devra être présent à l'ouverture et à la fermeture de la porte de la Vieille-Forme.

Il est expressement recommandé au sergent de faire ouvrir, aussitôt le coup de canon de diane, la barrière dont il est question plus haut, et de ne jamais faire fermer qu'après le coup de canon de retraite.

Art. 5.

Lorsque le maintien de l'ordre ou la sûreté de l'Arsenal l'exigera, le chef du poste pourra faire fermer et ouvrir la porte, soit la nuit soit le jour, mais il devra immédiatement en faire rendre compte au major-général, en lui en faisant connaître les motifs.

Le gardien de service à la porte est aux ordres du chef du poste, pour l'opération d'ouvrir et fermer les portes.

Art. 6.

Il tiendra la main à ce que personne ne se baigne dans la partie de la rivière renfermée par les deux extrémités de la Vieille-Forme.

Art. 7.

Lorsque pour se rendre à son ponton d'amarrage, le bateau à vapeur, faisant le service de Saintes à Rochefort, se présentera devant la Vieille-Forme, après le coup de canon de retraite, le chef du poste de cet établissement devra lui laisser libre sa porte.

Art. 8.

Il permettra également aux habitants qui [illegible] [illegible] la [illegible] des [illegible] sur les [illegible], pour [illegible] qui se trouvent près [illegible] de l'eau pour faciliter leurs [illegible], mais seulement entre le coup de canon de la diane et celui de retraite.

Art. 9.

Le chef du poste fera distribuer à chaque sentinelle de nuit [illegible] qu'elle doit avoir dans sa guérite, pour [illegible] les [illegible] particulières [illegible] par la Majorité générale, lorsqu'elles auront été [illegible].

Art. 10.

Il [illegible] de la Vieille-Forme [illegible] au feu jusqu'à ce qu'il [illegible] la main [illegible] la lanterne dont il pourrait avoir besoin.

Art. 11.

Lorsqu'une ronde viendra du côté de la barrière, la sentinelle [illegible] de la [illegible] en dedans de l'[illegible] sera [illegible] au chef du poste ; la ronde introduite, le chef du poste donnera le mot de ralliement.

Patrouilles.

Art. 1.

Afin que [illegible] dans l'intérieur de la Vieille-Forme [illegible] dans les [illegible] ou les [illegible] ne [illegible] pas, le chef du poste fera sortir tous les jours une patrouille à l'[illegible] la cloche sonnera pour le dîner des ouvriers. Il en sera de même après la cloche du soir.

Art. 2.

Cette patrouille parcourra toute l'étendue de la Vieille-Forme, pour s'assurer qu'il ne se passe rien de contraire au bon ordre et que personne ne cherche à détourner, cacher ou emporter aucun des objets existants sur les chantiers; si elle rencontrait des étrangers ou des personnes qui lui paraîtraient suspectes, elle les arrêterait et les conduirait au corps-de-garde; le chef du poste rendrait compte sur-le-champ à la Majorité-générale de cette circonstance.

Pendant tout le temps que les ouvriers ne feront qu'une seule séance, la patrouille qui, d'après le premier paragraphe de l'article premier, doit sortir à la cloche de midi, aura lieu au coup de canon de diane, avant la rentrée des ouvriers.

Rondes.

Art. 1.

Le sergent de garde fera une première ronde à onze heures, en toute saison; il ira jusqu'au bastion, fera le tour des ateliers, du chantier et du bassin.

Art. 2.

A trois heures de la nuit, en toute saison, le chef de poste fera une seconde ronde, dans laquelle il parcourra, comme dans la première, les différentes parties de la Vieille-Forme.

Art. 3.

Indépendamment de ces rondes dont il est parlé ci-dessus, le chef du poste de la Vieille-Forme fera tous les jours, un quart d'heure avant le coup de diane, et un quart d'heure après celui de retraite, une visite en dedans du rempart, et regardera si aucun des objets n'a été détourné ou jeté en dehors du parapet, et cela dans toute l'étendue de son poste. S'il s'aperçoit de quelque soustraction, il en fera son rapport après avoir cherché à en découvrir les auteurs.

ART. 4.

Dans ses rondes, dans l'enceinte de la Vieille-Forme, l'attention du chef du poste se portera particulièrement sur la porte qui est pratiquée sur le rempart, et dont les agents du génie militaire ont la clef. Il s'assurera que cette porte soit toujours fermée, surtout au moment de la cloche de la débauchée du soir, jusqu'à l'embauchée du matin.

Des Sentinelles.

ART. 1.

Il sera posé de jour et de nuit une sentinelle devant les armes, à la quelle il sera consigné de marquer les heures avec le battant de la cloche, suivant l'usage des quarts à bord, de demi-heure en demi-heure, depuis le coup de canon de retraite jusqu'à celui de diane.

Elle se réglera, à cet effet, sur l'horloge de la caserne Charente.

ART. 2.

Il sera posé une seconde sentinelle également de jour et de nuit, sur le bord de la rivière, qui veillera à ce qu'aucun des objets qui sont sur les chantiers n'en soit enlevé, et surtout qu'aucun bâtiment ou embarcation ne passe depuis le coup de canon de retraite jusqu'à celui de diane, soit pour entrer dans le port marchand ou dans celui de l'Etat, soit pour en sortir, à moins que des circonstances majeures de service ne le nécessitassent; et, sauf l'exception indiquée à l'art. 6, dans ce cas il devra y avoir un fanal allumé dans l'embarcation, laquelle sera tenue d'accoster à la cale des constructions pour se faire reconnaître; le chef du poste y enverra immédiatement d'aprés l'avis, que lui en donnera la sentinelle.

ART. 3.

Il sera posé une troisième sentinelle de jour et de nuit, au bastion de la Vieille-Forme; cette sentinelle veillera à ce qu'il ne soit rien jeté par-dessus le rempart de la Vieille-Forme, et à ce que personne ne passe par la palissade qui est entre son poste et la rivière.

ART. 4.

La sentinelle de jour et de nuit placée sur le bord de la rivière, à gauche du bassin, empêchera toute communication avec l'extérieur: celle de droite aura la même consigne.

Aucun bâtiment marchand ou gabare ne pourra s'amarrer ou accoster le long de la Vieille-Forme, à moins qu'il ne soit chargé pour le compte de la Marine, ou destiné à opérer son chargement en cet endroit, et, en ce cas seulement, le patron et les hommes de l'équipage pourront entrer et sortir par la porte de cet établissement.

Les factionnaires placés au bord de l'eau, ainsi que le chef de poste, se conformeront exactement à l'art. 2 de la consigne générale concernant les bâtiments mouillés devant la Vieille-Forme.

ART. 5.

Il sera posé une quatrième sentinelle de nuit seulement, derrière la première barrière, auprès du parc au bois, qui aura pour consigne de ne laisser entrer dans l'Arsenal que les rondes après les avoir fait reconnaître.

ART. 6.

La pose des sentinelles, variant en raison des besoins du service, on se conformera, pour cette pose, au tableau qui se trouve affiché dans le poste.

NOTA. — Il est défendu au chef de poste d'écrire quelque chose que ce soit sur la consigne, il leur est au contraire recommandé de veiller à ce qu'elle soit tenue dans l'état le plus parfait de propreté. Le chef de poste entre les mains duquel la consigne sera trouvée malpropre ou déchirée, sera réputé avoir commis lui-même cette infraction, et puni de trois jours de prison ou de salle de police, conformément au nota établi en tête de la présente consigne.

CORPS-DE-GARDE DE LA PORTE DU NORD.

Du Sergent.

ART. 1.

Il fera distribuer, à chaque sentinelle de nuit, une cartouche qu'elle conservera dans sa giberne pour s'en servir au besoin.

Ces cartouches seront remplacées au rapport par la Majorité-générale, lorsqu'elles seront détériorées.

ART. 2.

Un instant avant le coup de canon de retraite, il enverra le caporal avec deux fusiliers ayant un fanal, à la porte du Nord; dès que le canon sera tiré, la porte sera fermée en présence du sergent de la porte du Soleil, à qui la clef sera remise pour être portée au poste de la porte du Soleil.

Le caporal et les deux fusiliers accompagneront le sergent jusqu'à son poste, puis s'en reviendront à l'arrière-garde.

Au coup de canon de diane, le sergent enverra chercher cette clef, et fera ouvrir la porte au premier son de cloche pour l'entrée des ouvriers.

ART. 3.

En cas d'incendie ou d'alarme, soit en ville, soit dans le Port, la porte restera fermée jusqu'à ce qu'un officier-major ou un des officiers attachés au Port se présente pour faire entrer ceux dont les secours seraient nécessaires.

ART. 4.

Dans le même cas d'incendie dans le Port ou dans les maisons qui y sont attenantes, le sergent de garde enverra sur-le-champ en informer le capitaine de la porte du Soleil. Il veillera les personnes qui chercheraient à sortir avec empressement, à moins qu'elles ne soient très-connues et envoyées par l'un des chefs de service de la marine. Dans ce dernier cas, il invitera le portier à prendre leurs noms et qualités, et l'heure à laquelle elles se seront présentées pour sortir.

Dans l'une ou l'autre de ces circonstances, le sergent remettra le commandement de son poste à l'officier qui aura été désigné pour le commander, et se rangera sous ses ordres.

ART. 5.

Le chef du poste, avec sa troupe renforcée du détachement qu'il recevra, empêchera le désordre à la porte; il enverra faire les patrouilles aux environs de son poste.

ART. 6.

Il veillera aux effets d'artillerie qui auront été confiés à sa garde par les officiers de la marine ou de l'artillerie.

ART. 7.

Les officiers militaires et civils, les ouvriers de la direction d'artillerie et les gardes montantes et descendantes sont seuls admis à passer par cette porte.

ART. 8.

Pendant les heures d'embauchée et de débauchée, le chef du poste tiendra sa garde sous les armes, l'arme au bras, devant son poste, pour veiller au maintien de l'ordre à la sortie et à l'entrée des ouvriers, et donnera main-forte au portier, s'il est nécessaire.

ART. 9.

Lorsque le maintien de l'ordre ou la sûreté de

l'Arsenal le rendra nécessaire, le chef du poste pourra faire fermer et ouvrir la porte du Nord, mais il devra en faire rendre compte immédiatement au capitaine commandant des postes, en lui en faisant connaître les motifs; celui-ci devra en faire prévenir le major-général.

Le gardien de service à la porte est aux ordres du chef du poste, pour l'opération d'ouvrir et fermer la porte.

ART. 10.

MM. les officiers de l'état-major-général et MM. les officiers supérieurs de ronde peuvent sortir par cette porte après s'être fait reconnaître.

Des Sentinelles.

ART. 1.

Il sera posé devant les armes une sentinelle, de jour et de nuit, à qui il sera consigné de marquer les heures avec le battant de la cloche, suivant l'usage des quarts à bord, de demi-heure en demi-heure, depuis le coup de canon de retraite jusqu'à celui de diane; elle se réglera, à cet effet, sur l'Amiral; elle veillera à ce que personne ne passe ni ne jette rien par-dessus le mur de clôture qui est à côté de la porte.

ART. 2.

Il sera placé une deuxième sentinelle de nuit au mur de clôture sur le bord de la rivière. Elle empêchera qu'aucun bâtiment marchand, français ou étranger, grand ou petit, n'entre ni ne sorte de jour sans un billet signé des officiers de la direction du Port; elle tirerait sur celui des bâtiments qui voudrait passer malgré elle.

NOTA. — La pose des sentinelles, variant en raison des besoins du service, on se conformera, pour cette pose, au tableau qui se trouve affiché dans le poste.

Des Rondes.

A onze heures du soir, en toute saison, le chef du poste fera une ronde ; il suivra le bord de la rivière, passera sur le pont des bassins, visitera les alentours du moulin à scie et du parc au lest, jusqu'au pont de la cloche, et se rendra à la porte du Soleil, où il déposera son marron.

Il fera son retour en passant entre les bassins et la grande cayenne, et en prolongeant l'atelier de la corderie.

Le caporal fera une ronde semblable à trois heures.

NOTA. — Il est défendu aux chefs du poste d'écrire quelque chose que ce soit sur la consigne ; il leur est au contraire recommandé de veiller à ce qu'elle soit tenue dans l'état le plus parfait de propreté. Le chef de poste entre les mains duquel la consigne sera trouvée malpropre ou déchirée sera réputé avoir commis lui-même cette infraction, et puni de trois jours de prison ou de salle de police, conformément au nota établi en tête de la présente consigne.

CORPS-DE-GARDE DE L'HOPITAL.

Du Sergent.

ARTICLE PREMIER.

Le chef de poste est tenu de faire par écrit, au bureau de la Majorité-générale, un rapport de tout ce qui se sera passé pendant sa garde.

ART. 2.

Il recevra tous les soirs, du gardien de la salle des consignés, la clef de cette salle, qu'il lui remettra tous les matins.

Il tiendra la main à ce que ce gardien ne s'absente pas de son poste pendant le jour, sous aucun prétexte, et ne confie à qui que ce soit les clefs de la salle des consignés.

ART. 3.

Il recevra tous les soirs du portier de l'hôpital, la clef de la grille en bois, dont il se servira pendant la nuit, pour relever les sentinelles et faire les rondes.

ART. 4.

Le chef du poste fournira main-forte, soit le jour, soit la nuit, au commissaire de police ou tous autres habitants qui le requerront pour cause grave et pressante.

Dans les cas où les cris : *Au secours!* ou : *Arrêtez!* seraient entendus au poste, le chef devrait envoyer reconnaître tout de suite d'où ils partent, et se saisir des individus qui y auraient donné lieu.

ART. 5.

Il fera poser momentanément des sentinelles dans les endroits qui lui seront indiqués par le commissaire de l'hôpital, et fera exécuter les consignes qu'il pourra lui donner; le chef du poste rendra compte de tout, le lendemain, au bureau-major de la marine.

Il est prévenu que les consignes verbales ne peuvent durer que vingt-quatre heures; lorsqu'il en recevra de semblables, il fera connaître aux personnes qui les lui donneront, qu'il importe qu'elles avisent aux moyens de les échanger pour des consignes écrites, si elles doivent avoir une plus longue durée.

ART. 6.

Le sergent fera l'appel de sa garde au moins une fois par jour, et plus souvent s'il le juge nécessaire.

En cas d'incendie à l'hôpital, il enverra sur-le-champ prévenir le Préfet maritime et le major-général; il enverra aussi deux fusiliers au lieu où sera le feu, pour maintenir le bon ordre, en attendant qu'il reçoive un détachement qu'il emploiera à faire des patrouilles autour de son poste.

ART. 7.

Le chef du poste empêchera que les soldats de sa

garde n'entrent dans les cours de l'hôpital, à moins qu'ils n'y soient appelés pour le service. Dans ce cas, il tiendra la main à ce que les militaires n'aient au-aucune communication avec les malades libres ou condamnés.

Ceux qui seraient pris en contravention à cette défense seraient punis de huit jours de salle de police.

ART. 8.

Il fera donner main-forte aux commissaires admi nistrateurs et médecins attachés à l'hôpital, ainsi qu'aux sous-officiers des agents de surveillance et au portier, toutes les fois qu'il en sera requis, et, si la garde ne suffisait pas, il ferait demander du secours aux postes les plus voisins.

ART. 9.

Il veillera et fera veiller à ce que qui que ce soit du poste ou du dehors ne porte aucune espèce de vivres, vins, liqueurs, fruits, etc., aux malades: il fera arrêter sur-le-champ les personnes qui se trouveraient nanties de quelques-uns de ces objets, et il les fera conduire au bureau de la Majorité-générale.

Afin que les soupçons ne puissent planer sur les différentes sentinelles placées dans l'intérieur de l'hôpital, dans le cas où quelque contravention serait commise aux dispositions du précédent paragraphe, le sergent commandant le poste s'assurera que les militaires destinés à faire faction n'ont sur eux aucune des choses prohibées; il procédera à cette opération immédiatement avant que les soldats ne quittent le poste pour aller sur les points qui leur seront assignés.

ART. 10.

Le chef du poste ne laissera passer ni voitures, ni chevaux dans le Champ-de-Mars, ni sur le cours d'Ablois; les gendarmes ne pourront y venir avec leurs chevaux qu'en vertu d'une autorisation signée du commandant de la place.

La garde nationale est autorisée à manœuvrer sur le cours d'Ablois.

ART. 11.

Il tiendra la main à ce qu'un des caporaux conduise et ramène les factionnaires qui seront relevés pour manger la soupe; aucun soldat du poste ne doit entrer dans l'hôpital, même pour le service, sans être accompagné d'un caporal.

ART. 12.

Il veillera et fera veiller par les caporaux, ainsi que par les sentinelles, à ce qu'il ne soit commis aucune dégradation aux plantations existantes dans la la cour de l'hôpital, et à ce que qui que ce soit n'entre dans les carrés.

ART. 13.

Il recommandera aux factionnaires placés en dedans de la porte d'entrée et des grilles donnant sur les fossés extérieurs, de ne pas laisser approcher les malades au-delà des limites fixées par le commissaire; de ne laisser ramasser par les malades nulle boisson ni aucun aliment qui pourraient être jetés du dehors par-dessus les murs.

ART. 14.

Le sergent de garde ne laissera entrer, pendant la nuit, et sous aucun prétexte, d'autres soldats que ceux de service; il sera responsable des événements qui pourraient survenir dans l'intérieur par le fait des militaires de garde.

ART. 15.

Il est prévenu que les différents corps stationnés en ce port désigneront un sous-officier pour prendre à l'hôpital les malades qui sont *exeat*, et les conduire à leurs casernes respectives.

En conséquence, il ne devra fournir aucun homme de garde pour les accompagner, à moins que le sous-officier désigné ne vienne pas prendre ces malades, dans ce cas, il devra en rendre compte au commissaire de l'hôpital, et faire alors escorter jusqu'à leur caserne ceux qu'on ne serait pas venu chercher. Il en fera de plus son rapport au major-général, afin que le sous-officier en défaut soit puni.

Les dispositions qui précèdent n'empêcheront pas cependant que, dans les cas extraordinaires, il ne satisfasse aux ordres que pourrait lui donner le commissaire de l'hôpital, s'il était nécessaire qu'un malade sortît à une heure autre que celle fixée par l'*exeat*.

ART. 16.

Désormais, les malades que l'on portera à l'hôpital seront de suite conduits dans les salles par un des caporaux de garde; en revenant de conduire ces malades, le caporal ira remettre leurs billets d'entrée aux commis aux entrées, dont le bureau est vis-à-vis le corps-de-garde.

Lorsque ces malades seront entrés sans billets, le caporal amènera à ce commis les hommes qui les auront portés, pour obtenir les renseignements dont on pourrait avoir besoin.

Les malades qui entreront à l'hôpital sans être accompagnés par un chef, seront amenés devant le bureau du commissaire de l'hôpital, par un des caporaux de garde, qui remettra leur billet d'entrée au commis dont il vient d'être parlé, et les conduira ensuite, s'il y a lieu, dans les salles où ils doivent être placés.

ART. 17.

Il fera tous les soirs charger les armes de sa garde, et distribuer, en outre, à chaque sentinelle, une cartouche qu'elle conservera dans sa giberne.

Tous les matins, les armes seront déchargées, les balles et la poudre seront ramassées pour être remises au rapport au bureau de la Majorité-générale, qui les remplacera par des cartouches.

ART. 18.

Lorsque le poste de l'hôpital sera occupé par les

troupes du ministère de la guerre, l'officier de la garnison chargé de la visite des postes de la place sera aussi admis à visiter le poste de l'hôpital.

Des Sentinelles.

Art. 1.

Il sera posé, devant les armes, une sentinelle de jour et de nuit, qui empêchera d'approcher de la petite grille. Elle veillera à ce qu'il ne soit pas étendu de linge sur la palissade du cours qui est à sa portée. Elle défendra aussi de monter sur le parapet qui sert de mur d'enceinte, de s'attrouper devant la barrière, et ne permettra à qui que ce soit de laver ou de puiser de l'eau dans le fossé qui entoure la grille au dehors; enfin elle tiendra la main à ce que les personnes qui viennent voir les malades ne puissent pénétrer plus de deux à la fois entre les deux grilles.

Cette sentinelle, au coup de canon de retraite, passera en dedans de la grille intérieure, c'est-à-dire dans les cours vis-à-vis la porte. Pendant sa faction devant les armes, elle laissera pénétrer le condamné servant jusque dans le bureau du commis aux entrées, sans être accompagné d'agent de surveillance.

Lorsque la faiblesse numérique de la garde ne permettra pas de fournir une sentinelle de nuit à la grille intérieure des consignés, la sentinelle devant les armes sera employée à ce service pendant la nuit.

Art. 2.

Il sera posé une sentinelle de nuit, à l'angle du mur près de la salle n° 3, des consignés, en dedans du mur d'enceinte; elle empêchera toute communication avec la salle des consignés, par les croisées qui avoisinent son poste, et exercera une surveillance telle qu'elle puisse prévenir toute évasion par ces mêmes croisées; dans le jour, elle se portera de temps à autre au coin du mur, à gauche de sa guérite, pour faire éloigner les malades qui pourraient se trouver près de la grille en fer se prolongeant jusqu'à l'angle de la partie circulaire.

Elle veillera à ce que rien ne soit jeté de dehors en dedans, ou de dedans en dehors de l'établissement.

Au coup de canon de retraite, cette sentinelle étendra sa surveillance sur les abords des salles des galeux, vénériens et condamnés, n°s 5, 7 et 9, qui se trouvent dans son voisinage.

ART. 3.

Une troisième sentinelle, de nuit et de jour, sera posée à l'angle du mur, près l'école de médecine et l'amphithéâtre, en dedans du mur d'enceinte, qui empêchera les malades d'approcher de la grille en fer qui avoisine son poste. Elle veillera aussi à ce que rien ne soit jeté de dehors en dedans, ou de dedans en dehors de l'établissement. Au coup de canon de retraite, cette sentinelle passera derrière les salles des condamnés 4, 6 et 8, et veillera à ce qu'aucun d'eux ne puisse s'en évader.

ART. 4.

Une quatrième sentinelle, de nuit seulement, sera placée à la guérite posée en face de la buanderie et du magasin des effets.

ART. 5.

Une cinquième sentinelle, de nuit seulement, sera posée à la porte intérieure de la salle des consignés; elle s'opposera à toute tentative d'évasion de la part des hommes détenus dans cette salle.

ART. 6.

Il sera posé une sixième sentinelle, de jour et de nuit, à la guérite près la glacière; elle empêchera que rien ne soit jeté par-dessus les murs d'enceinte de l'hôpital, et s'opposera à toute évasion de condamnés par la grille qui sépare le jardin de l'établissement.

ART. 7.

Pendant l'office divin et la durée des cérémonies

religieuses qui ont lieu à l'hôpital, aucun malade ne pourra circuler ni rester dans la cour de cet établissement. Pour l'exécution de ces dispositions, le chef du poste détachera un des caporaux qui sont sous ses ordres, et lui prescrira de faire rentrer dans leurs salles respectives les malades qui sont dans la cour, à moins qu'ils ne voulussent aller à la chapelle.

Les dimanches et jours de fête, aux heures des offices, il sera placé une sentinelle au bas de l'escalier du dôme, et une à l'entrée de la chapelle, pour maintenir l'ordre et le silence, pendant la durée du service religieux.

La pose des sentinelles, variant en raison des besoins du service, on se conformera, pour cette pose, au tableau qui se trouve affiché dans le poste.

Rondes et Patrouilles.

ART. 1.

Le chef du poste désignera chaque jour une patrouille composée d'un caporal et deux fusiliers, qui devra parcourir une fois le matin et une fois le soir, les parties avoisinant la salle des galeux et des vénériens, afin de veiller à ce que les malades ne sortent qu'au temps convenu, et ne se promènent que dans l'espace déterminé par le commissaire de l'hôpital.

ART. 2.

Entre onze heures et minuit, en toute saison, le chef du poste fera une ronde dans laquelle il parcourra l'intérieur de l'hôpital et visitera ses sentinelles; du 1er novembre au 1er mai, il sera fait par le chef du poste une semblable ronde à trois heures du matin.

NOTA. — Il est défendu aux chefs de poste d'écrire quelque chose que ce soit sur la consigne, il leur est au contraire recommandé de veiller à ce qu'elle soit tenue dans l'état le plus parfait de propreté. Le chef de poste entre les mains duquel la consigne sera trouvée malpropre ou déchirée, sera réputé avoir commis lui-même cette infraction, et puni de trois jours de prison ou de salle de police, conformément au nota établi en tête de la présente consigne.

Un sergent est chaque jour de planton dans l'hôpital; il reçoit sa consigne du commissaire de l'hôpital.

CORPS-DE-GARDE DE LA PRÉFECTURE.

Du Sergent.

ARTICLE PREMIER.

Le chef du poste prêtera main-forte, soit le jour, soit la nuit, au commissaire de police ou à tous les autres habitants qui le requéreraient pour cause grave et pressante.

Dans les cas où les cris : *Au secours!* ou : *Arrêtez!* seraient entendus du poste, le chef devrait envoyer reconnaître tout de suite d'où ils partent, et se saisir des individus qui y auraient donné lieu.

ART. 2.

Il fournira une escorte de deux fusiliers au moins et de quatre au plus, aux officiers supérieurs et officiers de la Majorité-générale, désignés pour faire des rondes, soit à l'intérieur, soit à l'extérieur de l'Arsenal.

Cette escorte accompagnera la ronde partout où elle jugera convenable d'aller.

ART. 3.

Il arrêtera ou fera arrêter tous les militaires, sous-officiers, caporaux et soldats, et les marins des équipages de ligne qui passeront devant le poste après dix heures du soir, sans être munis d'une permission par écrit, portant autorisation de rester en ville; il les gardera pendant la nuit, et les fera conduire le lendemain au bureau-major ou au bureau de la place, selon les corps auxquels ils appartiennent; il mentionnera sur son cahier de rapport les noms des hommes arrêtés.

ART. 4.

Le chef du poste fera distribuer, à chaque sentinelle de nuit, une cartouche qu'elle conservera dans sa giberne, pour s'en servir au besoin.

Ces cartouches seront remplacées, par la Majorité-générale, lorsqu'elles seront détériorées.

ART. 5.

Le chef de poste devra apporter une surveillance continuelle sur la fontaine placée près de son poste; il veillera particulièrement à ce qu'aucun dépôt d'ordures ou de bourriers ne soit fait le long des murs qui bordent les avenues de cette fontaine; il rendra compte de toute contravention au présent ordre.

ART. 6.

Le chef du poste aura en consigne de ne laisser toucher personne à la boîte contenant les clefs du Port; les gardiens qui doivent accompagner MM. les officiers de ronde ne pourront eux-mêmes les prendre qu'en présence de l'officier de ronde et du sergent de garde.

ART. 7.

Un quart d'heure avant la fermeture du Jardin, le sergent de garde fait battre la retraite dans le Jardin, et ordonne à son caporal de faire une patrouille avec quatre hommes, pour faire sortir les personnes qui seraient encore à la promenade; il ferme ensuite la porte qui donne sur la rue de la Forêt et apporte la clef au poste, où elle reste jusqu'au lendemain matin.

Au coup de canon de diane, le caporal va ouvrir la même porte et place la sentinelle intérieure du Jardin.

Des Sentinelles

ART. 1.

Il sera posé une sentinelle, de jour et de nuit,

devant les armes; cette sentinelle aura pour consigne de veiller au maintien de l'ordre en ville, de prévenir en cas d'alerte, de rendre tous les honneurs militaires et d'empêcher qu'il ne soit fait ou déposé des ordures auprès de la fontaine.

ART. 2.

Une sentinelle, de jour et de nuit, sera posée à la grille extérieure de l'hôtel de la Préfecture maritime, qui aura pour consigne de ne laisser entrer que les personnes qui sont admises habituellement à l'hôtel, et qui désirent parler au Préfet; elle devra faire éloigner tout rassemblement qui se porterait vers la Préfecture, et toute personne munie de paquet ou bâton si elle ne consentait à déposer à la porte ce qu'elle porte.

ART. 3.

Il sera posé une sentinelle, de nuit seulement, au trésor des Invalides, laquelle veillera à ce qu'on ne jette rien du dedans au dehors; si elle s'apercevait de quelque tentative de ce genre, elle en arrêterait les auteurs et en avertirait promptement le trésorier.

Lorsqu'accidentellement elle sera posée de jour, à l'époque des paiements, elle empêchera le monde d'entrer en foule, mais n'exigera pas que les personnes qui se présenteront laissent à la porte leurs armes ou leurs bâtons.

ART. 4.

Il sera posé une sentinelle de nuit à la porte extérieure de l'hôtel du major-général, qui aura la même consigne que la sentinelle précédente, et qui devra, en outre, s'opposer à toute réunion de troupes sur la place, autres que celles de la marine, à moins d'une autorisation spéciale du major-général; enfin elle empêchera, lorsqu'elle y sera posée le jour, qu'on n'y joue ou qu'on n'y étale des marchandises, sans une permission émanant de la Majorité-générale.

ART. 5.

Il sera posé une sentinelle, de nuit seulement, à

l'extérieur de la porte des Fonderies, près du Jardin. Cette sentinelle devra empêcher toute tentative de vol, soit par-dessus les murs d'enceinte, soit par la porte; elle s'opposera à la sortie de quoi que ce soit par la porte, du coup de canon de retraite à celui de diane. Elle arrêterait toute personne sautant par-dessus les murs du Jardin et empêchera d'y pénétrer.

ART. 6.

Il sera posé une sixième sentinelle de nuit à l'intérieur des Fonderies, près la porte d'entrée qui donne sur la rue des Fonderies; elle aura pour consigne d'empêcher les vols et de ne laisser sortir quoi que ce soit par la porte, pendant la nuit.

NOTA. — La pose des sentinelles, variant en raison de la force des postes, on se conformera, pour cette pose, au tableau qui se trouve affiché dans le poste.

Des Rondes.

Le chef du poste fera, chaque nuit, une ronde dans le Jardin, afin de s'assurer que personne ne s'y est introduit. Il en fera faire une semblable par un des caporaux. Les heures de ces rondes sont laissées à la disposition du sergent.

CORPS-DE-GARDE DU VERGEROUX.

De l'Officier.

ARTICLE PREMIER.

L'officier ou chef de poste commandant le poste du Vergeroux est prévenu que, conformément à l'usage établi entre toutes les nations, et pratiqué envers les Français dans les pays étrangers, il est défendu à tous les commandants, officiers et équipages des bâtiments de guerre étrangers, ainsi qu'à tout étranger quelconque qui n'en aurait pas reçu l'autorisation formelle, d'entrer et de débarquer dans le Port de Rochefort;

qu'en conséquence, le commandant du stationnaire de l'île d'Aix a ordre de faire connaître cette disposition à MM. les commandants étrangers qui relâcheraient à l'île d'Aix, et de les prévenir que le Vergeroux leur est assigné comme point de débarquement, lorsqu'ils voudront venir à Rochefort. Le commandant en chef du poste du Vergeroux fera, en conséquence, surveiller les embarcations étrangères qui mettraient à terre au Vergeroux, et, avec les égards que se doivent entr'elles toutes les nations, il les recevra au moment de leur débarquement, fera conduire à Rochefort, au bureau de l'état-major de la marine, par une ordonnance, les officiers qui voudraient y venir, ainsi que les matelots qui porteraient leurs effets, sans leur permettre de visiter aucun des établissements de ce poste.

Il empêchera que les matelots restant dans le canot ne se répandent dans la campagne et ne visitent les fortifications.

Art. 2.

Le major-général de la marine, conformément aux ordres du préfet maritime, ordonne que les mesures de précaution suivantes soient rigoureusement exécutées par l'officier commandant le poste du Vergeroux, lorsque des poudres seront embarquées ou débarquées.

1° Chaque fois que cette opération aura lieu au pont du Vergeroux, aucune embarcation quelconque ne pourra y aborder, et nul individu autre que ceux employés au service des poudres ne pourra y passer. Sont exceptés de cette mesure les employés de la douane, qui sont obligés d'assister aux embarquements et débarquements de toutes espèces d'objets, et de surveiller la circulation des poudres.

Dans ce cas, tout bâtiment de guerre, de commerce ou de la douane, devra s'éloigner pendant l'opération de l'embarquement ou du débarquement des poudres.

2° Le chef du poste s'entendra avec l'officier ou sous-officier chargé de l'embarquement ou du débarquement des poudres, pour qu'il soit placé des sentinelles sur tous les points où elles seraient nécessaires, pour assurer l'exécution de l'article précédent.

3° Lorsqu'un bateau chargé de poudre sera placé près de ce même pont, il sera hissé par les soins de l'officier d'artillerie chargé de procéder à son chargement ou déchargement, un pavillon rouge sur l'extrémité dudit pont; ce qui indiquera qu'aucune embarcation ne doit accoster pendant que ce pavillon flottera, et il sera donné des instructions dans ce sens aux sentinelles posées dans le voisinage du pont.

ART. 3.

L'officier du poste du Vergeroux prêtera main-forte au gardien du fort, chaque fois que celui-ci le requerra pour le bien du service, afin d'empêcher qu'on ne commette aucune dégradation aux fortifications, ni aux bâtiments militaires, et pour connaître le nom des individus qui, malgré les avertissements du gardien, persisteraient à ne vouloir pas respecter les propriétés du gouvernement.

Il fera donner également main-forte aux personnes qui pourraient en avoir besoin, et fera mettre en prison celles qui seront en faute; si les cas étaient graves, il détacherait un soldat d'ordonnance pour, tout de suite, en faire informer le major-général de la marine.

ART. 4.

Il fera recevoir en consigne ou mettre en dépôt, les effets provenant des vaisseaux de l'Etat, mouillés en rade ou en rivière, et pour y être transportés; il fera reconnaître toutes les embarcations de bâtiments de guerre étrangers qui accosteront au quai ou à la grève.

ART. 5.

En cas de plaintes portées contre les soldats de sa garde, il fera toutes les perquisitions possibles pour découvrir les coupables, qui seront mis aussitôt en prison; il fera arrêter les filles de mauvaise vie qui seront surprises avec les soldats, et rendra compte au major-général de la marine de tout ce qui se sera passé de nou. à son poste.

Art. 6.

Tous les soirs, après avoir donné les mots d'ordre et de ralliement au sergent, il fera distribuer à chaque sentinelle une cartouche, qu'elle conservera dans sa giberne, pour s'en servir au besoin.

Ces cartouches seront remplacées, au rapport par la Majorité-générale, lorsqu'elles seront détériorées.

Art. 7.

Tous les deux jours, il fera par écrit à la Majorité-générale, un rapport circonstancié de ce qui se sera passé de nouveau depuis le rapport précédent.

Art. 8.

Il est prévenu que le préposé des douanes, en service sur le pont du Vergeroux, est chargé de veiller à ce qu'il ne soit commis aucune dégradation audit pont. Tout individu pris en flagrant délit, qu'il appartienne au commerce ou au service de l'État, à quelque titre que ce soit, sera conduit devant le chef du poste militaire du Vergeroux, qui devra prendre ses noms et qualités, ainsi que tous les renseignements propres à le faire reconnaître, pour les transmettre au major-général de la Marine, à Rochefort, qui poursuivra le remboursement des dégradations, selon qu'il y aura lieu.

Art. 9.

Dans aucune circonstance, l'officier commandant le poste ne pourra le quitter pour venir en ville, ou s'en éloigner à une distance de plus de six cents mètres, sans une permission spéciale du major-général de la Marine.

Dans aucun cas, il ne pourra être absent de son poste pendant la nuit, s'il n'a été préalablement remplacé par un autre officier.

Art. 10.

Après le coup de canon du soir, et jusqu'à celui du matin, on ne devra laisser amarrer aucun bâtiment sur le pont du Vergeroux, afin d'éviter les avaries.

ART. 11.

L'officier commandant le poste du Vergeroux devra, en prenant le service, donner ou faire prendre lecture au sergent ou caporal placé sous ses ordres de la partie de la consigne qui le concerne.

ART. 12.

Il est recommandé à l'officier commandant le poste du Vergeroux, de tenir sa consigne dans l'état le plus parfait de propreté.

Des Sentinelles.

ART. 1.

Il sera posé deux sentinelles de jour et de nuit, à la poudrière du Vergeroux, l'une à la porte du *Sud*, l'autre à celle du *Nord*, elles auront pour consigne de faire retirer les chasseurs et les fumeurs, à la distance d'un coup de fusil à balle, du magasin à poudre, ainsi que les bergers qui pourraient faire du feu à la même distance; elles laisseront librement passer toutes personnes par les routes qui conduisent à la grève ou au quai, soit pour affaire ou autrement, mais arrêteraient celles qui commettraient quelques désordres, dessineraient sur papier ou qui paraîtraient suspectes.

Il sera recommandé à ces sentinelles, de se promener de manière à dépasser la poudrière, pour veiller aux façades E. et O., et de ne pas laisser approcher, la nuit, la poudrière par qui que ce puisse être, à moins de 50 pas de distance, si ce n'est par les rondes ou patrouilles, lorsqu'elles se seront fait reconnaître.

ART. 2.

Ces deux sentinelles appelleront la garde pour prêter main-forte, au cas où elle serait demandée par les patrons de canots ou chaloupes amarrées au Port, par le gardien de la poudrière ou ceux qui seraient à la poursuite de quelques forçats évadés.

Art. 3.

Celle de ces deux sentinelles placée du côté de la porte de la poudrière aura en outre, pour consigne, de ne laisser ouvrir qu'en présence d'un officier de la direction d'Artillerie ou d'un maître canonnier entretenu ; dans ce cas, cette porte sera gardée par un caporal et deux fusiliers qui empêcheront qu'on n'y entre avec de la lumière ; ils feront aussi laisser les souliers des canonniers, à la porte de la poudrière, et ôter de leur poche tout ce qui pourrait faire feu.

Rondes et Patrouilles.

Il sera fait toutes les nuits, quatre rondes dans les environs du corps-de-garde de la poudrière, elles côtoyeront aussi la rivière, sans cependant s'éloigner trop du poste. Ces rondes ont pour objet de saisir tout individu qui serait trouvé errant sur les lieux, et de prévenir tout débarquement clandestin.

Chacune de ces rondes sera composée de trois hommes et un caporal ; l'officier commandant le poste fixera les heures auxquelles il jugera convenable qu'elles soient faites.

Rochefort, le 29 Septembre 1849.

Les Membres de la Commission :

Colomb, Courbet, Lambert, Bérard, Sentetz, Thibault, Friocourt, Chariot, Barbotin.

Le président de la commission chargée de la révision des anciennes consignes du port a l'honneur de soumettre à l'approbation de M. le Préfet le projet de nouvelles consignes arrêté par ladite commission.

Le Major-général de la marine,
Thibault.

Vu par le Contrôleur de la marine,
Escande.

Vu et approuvé :
Le Contre-Amiral Préfet, C. Laplace.

MARINE ET COLONIES.

PORT DE ROCHEFORT.

POSTE DE LA GENDARMERIE.

CONSIGNE

Pour régler le service de la Gendarmerie Maritime dans le Port de Rochefort.

En outre des obligations imposées aux sous-officiers et gendarmes de la 4e compagnie de Gendarmerie maritime, par les articles 228 à 250 de l'ordonnance du 29 octobre 1820, ils sont aussi appelés à faire, dans le Port de Rochefort, le service dont le détail va suivre :

Article Premier.

Cette compagnie fournira, chaque jour, pour le service de l'Arsenal, et d'un coup de canon à l'autre, un piquet commandé par un maréchal-des-logis et composé comme suit :

Maréchal-des-logis	1	12
Brigadiers	2	
Gendarmes	9	

Ce nombre d'hommes sera réparti de la manière suivante pour le service journalier :

Poste	Grade	Nombre	Total
A l'Avant-Garde,	Gendarme,	1	12
A l'Arrière-Garde,	Gendarme,	1	
A la porte du Nord,	Gendarme,	1	
En patrouille dans l'Arsenal,	Brigadier,	1	
	Gendarmes,	3	
De service à la porte du Soleil,	Maréchal-des-logis,	1	
	Brigadier,	1	
	Gendarmes,	3	

ART. 2.

La Gendarmerie est employée dans l'Arsenal pour prêter main-forte à tous les employés de la Marine et autres, pour prévenir et réprimer les abus, pour empêcher les vols qui pourraient se commettre, pour maintenir le bon ordre et dresser procès-verbal contre les individus qui seraient pris en flagrant délit; elle doit obtempérer à toutes les réquisitions légales qui lui sont adressées par les chefs de corps ou de service.

ART. 3.

Du service des Rondes et Patrouilles.

De trois en trois heures, une patrouille de trois gendarmes et d'un brigadier parcourra séparément toutes les parties de l'Arsenal, y compris la Vieille-Forme, entrera dans tous les ateliers, visitera les cales et chantiers de constructions, ainsi que les dépôts de bois, pour s'assurer que tout y est dans l'ordre voulu.

Dans le cas où la Gendarmerie aurait à faire quelques perquisitions ou arrestations dans les ateliers, le chef de l'établissement en serait prévenu par le chef de patrouille.

ART. 4.

Dans le parcours de ces patrouilles, les sous-officiers et gendarmes devront s'assurer que personne ne fume que dans les lieux permis.

Ils empêcheront toute réunion entre les hommes

libres et les condamnés, soit pour manger, causer ou jouer.

ART. 5.

Ils reconduiront au bagne les condamnés qui ne seraient pas avec leurs gardes, les caliers exceptés.

ART. 6.

Ils signaleront à M. le commissaire des chiourmes les gardes qui ne seraient pas en bonne surveillance.

ART. 7.

Ils arrêteront et conduiront à la Majorité-générale les étrangers qui seraient dans l'Arsenal sans y être autorisés légalement ou sans être accompagnés par des officiers en tenus.

ART. 8.

Ils reconduiront dans leurs ateliers les ouvriers qui seraient trouvés circulant dans le Port pendant les heures de travail, sans que ce soit pour un motif de service, et en rendront compte au chef du service auquel les ouvriers appartiendraient.

ART. 9.

Ils empêcheront de laver dans le courant d'eau chaude qui se trouve derrière l'atelier des forges.

ART. 10.

Ils s'opposeront à ce que des réunions d'ouvriers se portent en députation chez le préfet maritime ou chez d'autres chefs de service, sans en avoir obtenu l'autorisation. Dans le cas où la Gendarmerie ne serait pas en force, elle devra requérir les militaires des postes les plus voisins, les employés de la Marine et les ouvriers de l'Arsenal, pour lui prêter main-forte.

ART. 11.

Ils empêcheront tout individu de se baigner dans le Port; les contrevenants seront conduits à Saint-Maurice, et compte en sera rendu à la Majorité, ainsi qu'au chef du service auquel appartiendra l'individu.

ART. 12.

Ils s'opposeront à ce que les marins du commerce, dont le navire est dans le Port, circulent dans l'Arsenal; tous ceux qui seraient rencontrés en dehors du chemin qui conduit directement du navire à la porte du Soleil ou à la Coquerie qui serait affectée à la préparation des aliments de l'équipage, seraient arrêtés et détenus dans le corps-de-garde le plus voisin, jusqu'à ce que le major-général en ait informé le préfet maritime, appelé à donner des ordres à ce sujet.

ART. 13.

Service à la Porte du Soleil.

Il y aura, depuis le coup de canon de diane jusqu'à celui de retraite, un gendarme en surveillance à la porte du Soleil; il devra p:êter main-forte aux gardiens et s'opposera à ce que rien ne sorte de l'Arsenal sans une autorisation légale. Il surveillera l'évasion des forçats; il s'opposera aussi à ce que des étrangers entrent dans l'Arsenal sans y être autorisés, à moins qu'ils ne soient accompagnés par des officiers en tenus; il devra rendre un compte exact au chef du poste de toutes les infractions dont il se sera aperçu, afin que celui-ci puisse les consigner sur le rapport journalier qui sera fourni au major-général.

ART. 14.

Service à la porte du Nord.

Le même service que ci-dessus devra être fait à la porte du Nord; aucun étranger ne pourra ni entrer ni sortir par cette issue.

Auront le droit d'y passer : les officiers, sous-officiers, soldats, ouvriers et employés de la direction d'artillerie; les officiers des différents corps de la Marine, les maîtres du Port, lorsque ce sera pour une cause de service, les militaires de la Marine lorsqu'ils seront de service; cette porte sera interdite aux ouvriers des autres directions, à l'exception de ceux qui travaillent à la Vieille-Forme et viennent pour le service dans l'Arsenal ; aux marins de l'Etat et à ceux du commerce, et enfin aux agents de surveillance qui ne seraient pas d'un service commandé.

ART. 15.

Service au poste de l'Avant-Garde.

Le gendarme de service à ce poste accompagnera le gardien pour faire la visite des navires du commerce qui sortiraient après avoir séjourné dans le Port ; il en sera de même pour ceux de l'Etat et les embarcations qui ne seraient pas montées par un officier. Le passage sur ce point, pour traverser la rivière, est interdit à tout individu, à moins que ce ne soit pour une cause de service.

(Les officiers des différents corps de la marine exceptés.)

ART. 16.

Service au poste de l'Arrière-Garde.

Le même service que celui indiqué ci-dessus (Art. 15), sera fait à ce poste.

Les navires du commerce qui remontent la Charente, après avoir séjourné dans le Port, seront visités ; il en sera de même de ceux de l'Etat et des embarcations qui ne seraient pas commandées par un officier. Le passage sur ce point est aussi interdit à tous les individus mentionnés à l'Art. 15.

ART. 17.

Service à la Fonderie et à la Direction des vivres.

Aux heures de la débauchée, il sera envoyé un gendarme à la Fonderie et un à la Direction des vivres, pour maintenir l'ordre pendant la sortie des ouvriers et empêcher qu'il ne soit rien soustrait de ces établissements.

Art. 18.

Service au Jardin public.

Quand la nécessité en sera reconnue par le préfet maritime ou par le major-général.

Chaque soir, depuis le coup de canon de retraite jusqu'à l'heure de la fermeture des portes du Jardin public, il sera fourni un gendarme pour prévenir dans cet établissement les vols qui pourraient se commettre par-dessus le mur d'enceinte de l'Arsenal, depuis le Jardin botanique jusqu'à la Préfecture, et empêcher qu'il ne soit fait des dégradations dans le Jardin public; en cas d'arrestation, le coupable serait conduit au poste de la Préfecture et confié à sa garde; compte en serait rendu immédiatement au major-général.

Art. 19.

Entrée des ouvriers dans l'arsenal.

Lorsque les ouvriers entreront dans l'Arsenal, les sous-officiers et gendarmes disponibles à la porte du Soleil veilleront, avec la plus grande attention, à ce qu'il ne s'introduise pas, parmi la foule, des étrangers cherchant à entrer dans le Port.

Art. 20.

Sortie des ouvriers de l'arsenal.

Au moment de la sortie des ouvriers, il y aura toujours un maréchal-des-logis, deux brigadiers et six gendarmes à la porte du Soleil, pour aider la garde et les gardiens à maintenir le bon ordre et empêcher qu'il ne soit rien soustrait de l'Arsenal; s'ils s'appercevaient de quelque larcin caché, celui qui s'en serait rendu coupable serait arrêté et conduit dans le poste de la Gendarmerie, pour être fouillé par un gardien, en présence du maréchal-des-logis ou du brigadier; les objets trouvés sur le délinquant seraient saisis et transportés, accompagnés d'un rapport du chef du poste, au greffe du Tribunal maritime; le coupable sera conduit à la prison de St-Maurice, et compte en sera rendu au rapport.

Lorsque la sortie des ouvriers sera terminée, deux patrouilles parcourront immédiatement toutes les parties de l'Arsenal, pour en faire sortir tous les individus qui y seraient restés, sans que ce soit pour un service commandé, et s'assurer de la fermeture des portes des ateliers et magasins. On devra s'enquérir aussi si tous les feux sont éteints.

ART. 21.

Étrangers autorisés à visiter l'arsenal,

La gendarmerie fournira chaque jour, depuis onze heures jusqu'à une heure, quatre gendarmes pris en dehors du poste, pour accompagner dans l'Arsenal, les étrangers qui auraient obtenu du major-général l'autorisation d'y entrer.

Chaque gendarme ne pourra accompagner plus de cinq personnes, qu'il ne devra quitter qu'à la sortie de l'Arsenal, par la porte du Soleil.

Pendant le trajet dans le Port, il s'opposera à ce que ces étrangers aient aucune relation avec les condamnés; s'il en était autrement il les obligerait à sortir immédiatement de l'Arsenal et les conduirait devant le major-général.

ART. 22.

A l'avenir, nul ne pourra entrer dans le Port, s'il n'appartient au service de la marine, sauf les exceptions ci-après.

SAVOIR :

Le Commandant de la Place.

Les officiers de l'armée de terre revêtus de leurs insignes.

Le Sous-Préfet.

Le Président du Tribunal civil.

Le Maire de la ville et ses adjoints.

Le Procureur de la République.
Les officiers de police judiciaire.
L'Ingénieur en chef des Ponts et Chaussées.
Le Sous-Intendant militaire.
Le Commandant de l'Artillerie de terre.
Le Curé de la ville.
Le Commandant du Génie militaire.
(Lorsqu'ils auront été reconnus par un des surveillants de la porte du Soleil).

La libre entrée accordée aux individus dénommés ci-dessus est personnelle, ils ne pourront introduire aucun étranger dans l'Arsenal.

Art. 23.

Étrangers introduits dans le Port par des Officiers.

Les personnes accompagnées d'un officier, ou de tout autre agent ayant rang d'officier, en uniforme d'un des corps de la marine, seront admises à visiter le Port ; dans ce cas l'officier ne devra pas se séparer des personnes qu'il accompagnera et deviendra responsable de leur conduite dans l'Arsenal.

Les étrangers de nation ne pourront entrer dans l'Arsenal que lorsqu'ils seront accompagnés, soit par un aide-de-camp du Préfet, soit par un officier-major ou par un planton porteur d'une autorisation du Préfet maritime.

Art. 24.

Salaire des Ouvriers.

Le jour de la solde des ouvriers, il sera fourni un nombre suffisant de gendarmes commandés par un brigadier, pour maintenir le bon ordre pendant l'appel.

Nota.—Ce brigadier se conformera aux requisitions de M. le commissaire des travaux, ou de son représentant.

Art. 25.

Chargement des caissons de copeaux.

Un gendarme pris dans le poste de la porte du Soleil, surveillera chaque jour le chargement des caissons de copeaux : il s'opposera à ce qu'on introduise dans ces caissons, soit des morceaux de bois neufs ou de démolition non débités en menus copeaux, soit toute autre espèce de matières ou d'objets.

Ce gendarme sera désigné chaque jour par le chef du poste, à la demande de l'agent de la direction des constructions navales, chargé de conduire l'opération ci-dessus.

Les caissons devront sortir de l'Arsenal le jour même des chargements.

Il sera tenu au poste un registre indiquant le nom des gendarmes chargés de ce service.

Art. 26.

Immédiatement après le chargement des caissons de copeaux, ils devront être conduits, accompagnés par les personnes qui auront assisté à cette opération, sur la chaussée qui s'étend depuis la grille intérieure de la porte du Soleil jusqu'à l'ancien moulin à scier; ils seront rangés sur les bas-côtés de la chaussée, de manière à ne pas gêner la circulation, et placés de telle sorte qu'ils puissent être en vue des gendarmes et portiers de service à la grille, lesquels devront veiller à ce qu'on n'introduise après coup, dans lesdits caissons, aucun objet soustrait à l'Arsenal.

Art. 27.

Evasions de Forçats.

Lorsqu'il y aura une évasion de forçats, et qu'on supposera le condamné caché dans l'Arsenal, la Gendarmerie fera des recherches dans cet établissement; elles pourront se continuer pendant la nuit, si la nécessité en est bien reconnue par le major-général.

Art. 28.

Événements survenus dans l'arsenal.

COMPTE A RENDRE.

Lorsqu'un événement quelconque arrivera dans l'Arsenal, le chef du poste devra en informer immédiatement le major-général et le commandant de la Gendarmerie. Il en sera fait mention au rapport.

ART. 29.

Cas d'émeute ou d'incendie,

En cas d'émeute ou d'incendie dans l'Arsenal, tous les militaires de la compagnie, moins les plantons des casernes, devront se rendre en armes devant la porte du Soleil, et y attendre les ordres du major-général.

Si les événements mentionnés ci-dessus arrivent pendant le jour, au premier signal, tous les forçats devront rentrer au bagne, la circulation dans l'Arsenal leur sera complétement interdite.

Après l'alerte ou l'incendie, des patrouilles seront faites dans toutes les parties de l'Arsenal, par des brigades de gendarmerie, pour faire sortir de cet établissement les étrangers à la marine qui s'y seraient introduits et rechercher les auteurs de l'évènement survenu.

ART. 30.

sortie des ouvriers pendant les heures de travail.

Pendant les heures de travail, les ouvriers ne pourront sortir de l'Arsenal, que porteurs d'une permission signée de leurs chefs; les marins devront se soumettre à la consigne qui sera donnée au sergent de planton à la porte du Soleil, et ne devront sortir de l'Arsenal que lorsqu'ils y seront autorisés par ce dernier.

ART. 31.

Lorsque la mise à l'eau d'un bâtiment devra avoir lieu, tous les sous-officiers et gendarmes disponibles dans les casernes, devront se rendre en armes et sous les ordres du lieutenant de la compagnie, sur le lieu du lancement, pour y maintenir le bon ordre ; une consigne particulière sera donnée par le major-général.

L'opération terminée, des patrouilles seront faites dans toutes les parties de l'Arsenal pour en faire sortir les personnes étrangères à la marine.

ART. 32.

Rapport journalier.

Chaque jour, à huit heures du matin, sera adressé

à M. le major-général un rapport détaillé du service fait pendant les 24 heures écoulées.

Art. 33.

La présente consigne sera lue chaque jour, au poste de la porte du Soleil, jusqu'à ce que tous les gendarmes appelés à en assurer l'exécution, soient bien pénétrés des prescriptions qu'elle contient.

Nota. — Le service du poste du Raz est réglé par une consigne particulière approuvée par M. le Préfet Maritime, le 22 Janvier 1849.

Rochefort, le 29 Septembre 1849.

Les Membres de la Commission :

Colomb, Courbet, Lambert, Bérard, Sentetz, Thibault, Friocourt, Chariot, Barbotin.

Le président de la commission chargé de la révision des anciennes csnsignes du port a l'honneur de soumettre à l'approbation de M. le Préfet le projet de nouvelles consignes arrêté par ladite commission.

Le Major-général de la marine,
Thibault.

Vu par le Contrôleur de la marine,
Escande.

Vu et approuvé :
Le Contre-Amiral Préfet, C. Laplace,

MARINE ET COLONIES.

PORT DE ROCHEFORT.

CONSIGNE

Pour les Portiers, Gardiens des issues de l'Arsenal, en tout ce qui se rattache aux mouvements et à la conservation du matériel, ainsi qu'aux entrées et sorties des ouvriers et des personnes étrangères à la Marine.

DISPOSITIONS GÉNÉRALES.

ARTICLE PREMIER.

Les gardiens et portiers de toutes classes, chargés d'exercer la surveillance des entrées et sorties aux grilles et issues des arsenaux maritimes et de leurs dépendances, sont placés sous les ordres immédiats du commissaire aux travaux.

ART. 2.

Tous les matins, avant le son de cloche d'entrée, les gardiens de service réunis à la porte du Soleil recevront, du gardien-major, un ordre pour le service qu'ils auront à exercer pendant le jour.

Tous les soirs, un ordre pareil sera donné pour le service de nuit; sont dispensés de venir recevoir l'ordre, les gardiens à résidence fixe et ceux employés dans des postes autres que les issues de l'Arsenal proprement dit.

Les ordres seront consignés sur un registre; chaque soir il sera fait mention des résultats de la surveillance journalière, et chaque matin du résultat de la surveillance de nuit.

ART. 3.

Les portiers-consignes qui trouveraient, dans l'accomplissement de leurs devoirs, de l'opposition ou de la résistance de la part des personnes se présentant aux grilles de l'Arsenal, sont autorisés à requérir le secours de la force armée, et rendront compte au commissaire des travaux, au commissaire-général, au major-général, et au commissaire rapporteur s'il y a lieu.

ART. 4.

Il est expressément recommandé aux portiers-consignes d'éviter tout froissement, dans les perquisitions qu'ils sont autorisés à faire pour arriver à prévenir les soustractions frauduleuses ou introductions prohibées, qui pourraient être tentées par les personnes qui entrent dans l'Arsenal ou qui en sortent.

En cas de saisie en flagrant délit, ils sont autorisés à requérir l'assistance de la force armée pour arrêter les délinquants.

Entrée des Ouvriers et des Attelages.

ART. 5.

Les heures d'entrée et de sortie des ouvriers sont déterminées par le réglement arrêté pour être mis à exécution à compter du 1er janvier 1850.

ART. 6.

Chaque jour, à l'heure indiquée par le réglement sur les heures de travail, les cloches de la tour Saint-Louis, de la direction d'Artillerie, de la Fonderie, de la Vieille-Forme, et de la direction des Subsistances, sonneront pendant un quart d'heure pour annoncer l'appel des ouvriers; à ce son de cloche les grilles seront ouvertes pour l'entrée dans l'Arsenal.

ART. 7.

L'ouverture et la fermeture des portes de l'Arsenal est sous la responsabilité de l'officier et des chefs de postes des différentes portes; les portiers devront obtempérer à toute réquisition qui leur sera faite à cet égard.

ART. 8.

Pendant les heures de travail, la grille intérieure de la porte du Soleil sera fermée, et on ne laissera ouvert, dans le but de rendre la surveillance plus efficace, que l'un des deux guichets. A la porte du Nord, le guichet seul sera ouvert, les mêmes dispositions seront suivies à la Vieille-Forme et à la direction des Subsistances.

ART. 9.

La porte dite *Porte-Rouge*, n'étant destinée à donner passage qu'aux officiers et ouvriers allant pour le service à l'atelier des artifices, ou revenant de cet atelier, sera constamment fermée. Le portier préposé à la garde de cette issue tiendra la main à l'exécution de la présente consigne.

En cas de résistance, il requerrera le secours du poste militaire le plus voisin.

La clef de cette porte sera déposée chaque soir entre les mains du chef du poste de l'avant-garde, qui la remettra au gardien au coup de canon du lendemain matin.

ART. 10.

Chaque soir, à quatre heures, le gardien qui couche dans l'enceinte des magasins de l'artifice, recevra le mot de ralliement du chef du poste de l'Avant-Garde.

ART. 11.

Pendant les heures de repos, aucun attelage ou voiture ne pourra entrer dans l'Arsenal ou en sortir.

ART. 12.

Les ouvriers qui seront sortis à la débauchée de midi, ne pourront rentrer qu'à la cloche qui annonce la reprise des travaux.

ART. 13.

Chaque jour, les portiers s'assureront que les attelages employés au service du port entrent aux heures réglementaires ; le gardien-major remettra au bureau des travaux une note indiquant le nombre et l'espèce des attelages dont l'entrée aura été constatée.

Surveillance du Jardin public.

ART. 14.

Les gardiens préposés à la surveillance des grilles du Jardin public devront veiller, avec le plus grand soin, à ce qu'aucune dégradation ne soit commise aux arbres, plantes ou statues qui existent en vue de leur poste.

Ils refuseront l'entrée à toute personne qui se présenterait avec une pipe ou un cigare, ils ne permettront l'introduction qu'après que la pipe ou cigare aura été éteint en leur présence. Ils ne permettront à aucun enfant, qui ne sera pas accompagné d'une personne qui en réponde, de s'introduire dans le jardin.

L'entrée est interdite aux chiens qui ne seraient pas tenus en laisse par leurs maîtres qui, dans aucun cas, ne devront les lâcher dans l'intérieur du jardin.

Tout contrevenant au présent ordre sera arrêté et conduit au poste de la Préfecture ; le chef du poste rendra compte immédiatement au major-général.

Portier de l'Hôpital.

ART. 15.

Le portier de service à la grille de l'Hôpital principal devra veiller à ce que les malades qui viendront, soient toujours présentés au bureau du commis aux entrées. Il veillera avec soin à ce que personne ne puisse entrer pour visiter l'établissement ou voir des malades, sans en avoir obtenu l'autorisation du commissaire de l'Hôpital ou de son représentant.

L'introduction de vin, fruits ou tous autres aliments est prohibée d'une manière absolue ; en conséquence, il s'assurera que les visiteurs ne sont porteurs d'aucun objet de cette espèce qui pourrait être apporté aux malades.

ART. 16.

Le portier de service devra veiller à ce qu'aucun malade ne puisse sortir sans une permission du commissaire de l'Hôpital ou un billet de sortie en règle ; à leur rentrée, il devra s'assurer que ceux qui ont obtenu une permission de sortir ne rentrent aucun objet prohibé.

ART. 17.

Le portier s'assurera que les visiteurs admis dans l'intérieur de l'Hôpital n'emportent à leur sortie aucun objet appartenant à la marine.

S'il découvrait une soustraction, il devrait requérir le chef du poste de lui prêter main-forte, retenir au poste le délinquant, et rendrait immédiatement compte de l'évènement au commissaire des hôpitaux, qui provoquerait près de l'autorité supérieure les mesures nécessaires.

Sortie des Ouvriers et des Attelages.

ART. 18.

Dix minutes avant le son de cloche de sortie, les portiers fermeront définitivement la grille intérieure de la porte du Soleil, et ne laisseront ouverts que les deux guichets.

ART. 19.

La porte d'entrée de la Fonderie sera complètement fermée, même pendant les heures de travail ; elle ne sera ouverte qu'à la demande des chefs d'ateliers, pour l'introduction ou la sortie des matières, ou pour le passage des personnes appelées dans l'établissement pour le service.

ART. 20.

Cinq minutes avant chaque sortie du travail, les chefs d'ateliers feront un contre-appel, et noteront sur le casernet les ouvriers absents sans motif valable qui auront répondu à l'appel d'entrée, en feront le rapport au bureau de la comptabilité; les absents au contre-appel donneront lieu à la suppression d'un quart de journée.

ART. 21

Après le contre-appel et aux premiers coups de cloche, le chef d'atelier conduira ses aides et ouvriers à la *sortie*, en rang dans l'ordre d'appel; l'ordre de sortie par la porte de l'Arsenal des hommes réunis dans chaque atelier ou chantier s'établira ainsi qu'il suit, SAVOIR :

Guichet de droite.

1° Les chantiers des Nouvelles-Formes;
2° Les chantiers de constructions situés depuis l'entrée des Formes jusqu'au chenal de la Cloche;
3° Les forges des bassins et de la peinture;
4° Les boussoles et les journaliers de la direction du port;
5° La corderie;
6° La garniture;
7° Les ouvriers du chantier de port et de rade;
8° Les gabiers volants, chaloupiers et canotiers de la direction du port;
9° Les ouvriers employés aux bâtiments situés depuis le chenal de la Cloche jusques et y compris la Ville-de-Paris; (cale n° 7);
10° Les pompes et chaudronnerie;
11° Les chaloupes en radoub;
12° Les forges et la serrurerie;
13° Les machines ou ajustage;
14° La poulierie;
15° Les cabestans et gouvernails;
16° La tôlerie et le tuyautage;
17° La menuiserie et les grosses-œuvres.

Guichet de gauche.

18° Les ouvriers employés aux bâtiments situés depuis la Ville-de-Paris (cale n° 7), jusques et y compris l'Ulm (cale n° 10);
19° Les chaloupes en construction;
20° Les étoupes;
21° L'avironnerie et la gournablerie;
22° Les ouvriers employés à la machine à scier;
23° Transport et visite des bois;
24° Sculpture et petits modèles;
25° Les ateliers et dépôt du charpentage, du perçage et du calfatage;
26° Le magasin général;
27° La voilerie;
28° La matelasserie et la pavillonnerie;
29° Les ouvriers employés depuis l'Ulm (cale n° 10), jusqu'au canal de la Tonnellerie;
30° Les forges de la mâture;
31° La mâture;
32° Les chantiers de l'autre côté du canal de la Tonnellerie;
33° La Tonnellerie et l'école de maistrance;
34° L'atelier des artifices;
35° Les apprentis des ateliers des coins.

Art. 22.

Les ouvriers de la direction d'artillerie sortiront par la porte du Nord, dans l'ordre suivant:

1° Les ouvriers militaires;
2° Les ouvriers civils.

Les ouvriers de toute autre direction ne pourront sortir par cette issue à la cessation des travaux.

Art. 23.

Si les gardiens s'aperçoivent qu'un individu sortant de l'Arsenal, est porteur de quelqu'objet soustrait, ils devront l'arrêter et requérir les gendarmes de service de faire entrer le délinquant dans le poste, et de l'y maintenir jusqu'à la sortie générale; alors en présence des gendarmes, ils procéderont à la visite de l'individu arrêté, et feront un rapport à qui de droit.

Procès-verbal de saisie sera dressé par la gendarmerie, qui devra conduire le délinquant à la maison d'arrêt de la marine.

ART. 24.

Un maître entretenu de chaque direction assistera à la sortie des ouvriers, pour veiller à l'exécution de cette mesure.

ART. 25.

A la Vieille-Forme, à la Fonderie et aux Subsistances, les ouvriers sortiront également en rang et sous la surveillance de leurs maîtres et contre-maîtres.

ART. 26.

Les portiers et gardiens, sous leur responsabilité personnelle, ne laisseront sortir de l'Arsenal et dépendances, hors des heures réglementaires, aucuns contre-maîtres, aides, ouvriers ou assimilés. Les maîtres entretenus ou contre-maîtres chefs d'atelier pourront seuls passer, sur la présentation d'une carte personnelle qui leur sera délivrée à cet effet.

Ces cartes porteront le nom et qualité du porteur, seront signées du directeur, approuvées par le Préfet maritime; elles seront, tous les trois mois, retirées pour être, s'il y a lieu, supprimées ou renouvelées.

ART. 27.

Les ouvriers qui, pour affaires particulières ou pour affaires de service, se présenteraient pour sortir de l'Arsenal pendant les heures de travail, ne pourront passer que sur la présentation d'une permission *spéciale*, délivrée sur la certification du maître par l'officier chargé des chantiers où ils sont employés, et visée par le chef du service ou son représentant; ces permissions, qui resteront entre les mains des portiers, seront annotées des heures de la sortie et de rentrée des ouvriers, et remises à la fin de la journée, par les gardiens placés aux issues de l'Arsenal, au commissaire des travaux (article 14 du réglement sur les appels); sont dispensés de ces billets de sortie ainsi que des cartes mentionnées dans l'article précédent, les journaliers qui sont *officiellement* reconnus comme remplissant les fonctions de gardiens de bureau dans le service de l'Arsenal.

ART. 28.

Les chauffeurs des machines à vapeur dans les ateliers, sont autorisés à sortir une demi-heure avant les autres ouvriers, et rentreront une demi-heure avant la cloche d'embauchée, afin d'allumer les fourneaux, sans retard pour les travaux; ceux employés à la machine d'épuisement des bassins, lorsque la machine fonctionnera, resteront toute la journée et pourront sortir une heure et demie avant les autres ouvriers.

Il en sera de même pour les chauffeurs des fourneaux à reverbère de la Fonderie et des Forges.

Les ouvriers désignés au présent article, qui devront sortir avant l'heure de la sortie générale, ne pourront le faire que sur la remise d'une permission nominative, signée de l'ingénieur chargé de l'atelier.

Cette permission pourra comprendre tous les chauffeurs employés à un même établissement.

ART. 29.

Les attelages employés aux travaux du Port sortiront un quart d'heure avant la cloche de débauchée des ouvriers; ceux destinés à effectuer le transport des menus copeaux délivrés aux ouvriers, sortiront avec les tombereaux à ce destinés, une heure avant la cessation des travaux.

ART. 30.

Pour éviter les retards dans l'exécution des travaux de la Vieille-Forme, les ouvriers porteurs de gabarits, et accompagnés d'un contre-maître *responsable*, communiqueront directement par la porte du Nord avec l'Arsenal, sans billet de sortie.

Les mêmes dispositions sont applicables aux ouvriers allant aux fosses aux mâts, et aux bois de construction situés sur la rive gauche de la Charente, aux extrémités du Port.

ART. 31.

Tout ouvrier blessé ou atteint de maladie sur les

travaux, en l'absence des officiers de la direction pourra sortir immédiatement avec un billet du maître ou contre-maître sous les ordres duquel il travaille; ce billet provisoire sera, dans le plus bref délai, remplacé par un billet en règle, remis au portier par le maître.

Les billets provisoires devront mentionner les noms des ouvriers qui portent le blessé ou malade, les portiers devront y inscrire l'heure de la sortie et de la rentrée desdits ouvriers.

ART. 32.

Pendant l'heure du repos, les ouvriers ne pourront sortir qu'au moment de la sortie générale, et dans l'ordre indiqué pour la sortie du soir. La grille sera refusée à tous ceux qui ne se seraient pas présentés avec leurs ateliers et qui viendraient isolément.

Fournisseurs.

ART. 33.

Les fournisseurs de la marine ou leurs commis, ne pourront entrer dans l'Arsenal que sur la présentation d'une carte personnelle, délivrée par le commissaire aux approvisionnements, approuvée par le Préfet maritime. Les hommes de peine qu'ils pourraient employer, soit pour apporter les marchandises qu'ils se proposent d'introduire, soit pour enlever les objets rebutés ou pour toute autre cause relative à leur fourniture, pourront entrer dans le Port sans carte, mais avec l'obligation d'être accompagnés, au moment de leur entrée et de leur sortie, par le fournisseur ou son commis, munis de leur permission permanente.

Dans le cas où ces hommes de peine se présenteraient seuls, la grille leur serait refusée jusqu'à ce qu'ils soient réclamés par leur patron.

Entrée et sortie des Etrangers.

ART. 34.

Pourront entrer dans l'Arsenal sans être munis d'une permission de la Majorité, lorsque leur qualité sera reconnue par les surveillants de la porte, les personnes désignées ci-après :

Le commandant de la place ;
Les officiers de l'armée de terre en uniforme ;
Le sous-préfet de l'arrondissement ;
Le maire de la ville et ses adjoints ;
Le président du tribunal civil ;
Le procureur de la République près le même tribunal ;
Le juge d'instruction ;
Le substitut du procureur de la République ;
Le commissaire de police et tout officier de police judiciaire ;
L'ingénieur en chef des ponts et chaussées ;
Le commandant d'artillerie de terre ;
Le commandant du génie militaire ;
Le sous-intendant militaire ;
L'inspecteur, le sous-inspecteur, le receveur principal des douanes ;
L'entreposeur des tabacs ;
Les employés des contributions indirectes sur la présentation de leur commission ;
Le contrôleur de l'octroi sur la présentation de sa commission.

ART. 35.

La libre entrée accordée aux fonctionnaires civils ou militaires dénommés ci dessus est personnelle ; ils ne pourront introduire aucun étranger dans l'Arsenal.

ART. 36.

L'entrée dans l'intérieur du bagne ne sera permise aux visiteurs que sur l'autorisation spéciale du commissaire des chiourmes.

ART. 37.

Les officiers des différents corps de la marine pourront, lorsqu'ils seront en uniforme, introduie dans l'Arsenal des étrangers, sans avoir besoin d'une permission de la Majorité, mais sous la condition expresse que lesdits officiers accompagneront constamment les étrangers qu'ils auront présentés, et ne les abandonneront qu'à la sortie.

ART. 38.

Les étrangers qui visiteront le port soit avec des permissions de la Majorité, soit accompagnés par des officiers, ne pourront entrer ou sortir que par la porte du Soleil.

ART. 39.

Les étrangers de nation ne pourront entrer dans l'Arsenal que lorsqu'ils seront accompagnés d'un Aide-de-Camp du Préfet maritime, d'un officier de la Majorité, ou d'un planton porteur d'une autorisation spéciale, délivrée par le Préfet maritime, et mentionnant la qualité d'étranger du visiteur.

ART. 40.

Les portiers-consignes devront se faire présenter au moment de l'entrée, par toutes les personnes étrangères à la marine et non désignées aux articles 34 et 37 ci-dessus, la permission délivrée par la Majorité, et, lors de la sortie des étrangers, retirer ladite permission, qui devra être remise le lendemain au major-général.

ART. 41.

Si les gardiens-majors, en faisant leurs rondes de surveillance dans l'Arsenal, rencontrent des personnes étrangères à la marine sans être accompagnées, ils devront exiger la présentation de la permission d'entrée, la retenir et reconduire l'étranger jusqu'à la grille en dehors de l'Arsenal. Les mêmes mesures seraient exécutées si les étrangers, qu'ils soient ou non accompagnés, étaient surpris en conversation particulière avec les condamnés; dans ce cas, un rapport devrait être adressé à l'autorité, pour que le planton ou gardien soit puni pour cette infraction à ses devoirs.

En cas de résistance, les gardiens-majors pourront requérir le secours du poste le plus voisin.

Introduction des matières et outils.

ART. 42.

Aucun objet ne pourra être introduit dans l'Arsenal que sur un ordre écrit, émané de l'autorité compétente.

Cet ordre sera donné, SAVOIR :

1° Pour les objets destinés au service des approvisionnements généraux de la flotte, des travaux hydrauliques et de l'habillement;	Par le commissaire aux approvisionnements.
2° Pour le service des hôpitaux, des chiourmes ou des subsistances;	Par les commissaires de ces divers services.
3° Pour des objets appartenant à des officiers passagers, etc., destinés à être embarqués sur des bâtiments qui se trouvent dans le port;	Par le directeur des mouvements du port.
4° Pour des objets appartenant à des services publics;	Par le directeur des mouvements du port.

Quant aux objets appartenant à l'Etat, qui devront être transportés d'un établissement situé en dehors de l'Arsenal dans l'intérieur du Port et réciproquement, ils pourront être introduits sur la présentation du billet de sortie qui aura été délivré par le service expéditeur.

Dans ce but, à la sortie de l'établissement qui expédie, le billet sera annoté du *vu sortir* du portier préposé à la surveillance; et lors de l'introduction, il sera également annoté du *vu rentrer* du gardien de service à l'établissement destinataire. Après quoi ce billet devra être remis au portier qui l'a annoté du *vu sortir*, par celui qui l'a annoté du *vu entrer*.

ART. 43.

Les menus objets destinés à la fabrication des travaux faits par les condamnés, pourront entrer avec un billet spécial, délivré par le commissaire des chiourmes.

ART. 44.

L'ordre d'introduction sera présenté aux portiers, qui vérifieront les objets qu'on se propose d'introduire, et annoteront les résultats de leur visite sur le verso de l'ordre d'introduction.

ART. 45.

Tous les objets portés sur le même ordre d'introduction devront être introduits simultanément.

Toutefois il pourra être donné une autorisation générale pour les colis et effets que les services publics seraient autorisés à embarquer. Dans ce cas, l'autorisation restera déposée entre les mains des portiers, qui délivreront à chaque voyage un bulletin de transit énonçant les objets introduits et la date de l'autorisation.

ART. 46.

Si les objets à embarquer doivent être transportés à bord des navires mouillés hors des limites de l'Arsenal, l'ordre d'introduction ou le billet de transit sera présenté aux gardiens des grilles ou issues de sortie, lesquels, après vérification, apostilleront l'ordre ou le bulletin de transit du *vu sortir*.

ART. 47.

Les portiers veilleront avec soin à ce que les ouvriers qui apportent leurs vivres dans l'Arsenal ne puissent introduire que les quantités de vin rigoureusement nécessaires pour leurs besoins (un litre environ par jour et par homme). Dans aucun cas et sous aucun prétexte, les ouvriers ne pourront introduire de l'eau-de-vie ou autre liqueur spiritueuse, ainsi que des fruits ou autres objets destinés à faire le commerce; les ouvriers pris en contravention aux dispositions du présent article seront arrêtés, et les objets saisis déposés au poste, jusqu'à ce qu'il soit statué par l'autorité sur la suite à donner.

ART. 48.

Les agents de surveillance des chiourmes pourront

entrer chaque jour une certaine quantité de vin pour les hommes de service au bagne ; mais cette quantité sera toujours déterminée par des cartes indiquant ce qu'on se proposera d'introduire. Ces cartes, signées du commissaire des chiourmes, seront laissées entre les mains des portiers pour être remises le soir au bagne.

Les gardiens laisseront entrer, sans autorisation spéciale, les marchandises que le marchand de comestibles au bagne est autorisé à vendre aux condamnés.

ART. 49.

Lorsque certaines classes d'ouvriers devront se pourvoir des outils qu'ils emploient pour leurs travaux, l'introduction ne pourra être faite que sur une autorisation délivrée par l'officier chargé du chantier ou de l'atelier où ils sont employés, et visée par le directeur ou son représentant.

Cette autorisation indiquera les nom, prénoms et profession de l'ouvrier, ainsi que les espèces et quantités d'outils qu'il devra introduire.

Les portiers certifieront l'entrée des outils en apposant sur ladite autorisation les mots *vu à l'entrée*, suivis de leur signature ; cette pièce ainsi visée sera remise à l'ouvrier, pour qu'il fasse régulariser l'introduction des outils par la direction à laquelle il appartient.

Sortie des matières et outils.

ART. 50.

Aucun objet ne pourra être enlevé de l'Arsenal que sur un billet de sortie.

Les billets de sortie seront délivrés :

1° Pour le matériel provenant du magasin général	Par le sectionnaire qui a fait la délivrance sous le visa du garde-magasin général et du commissaire aux approvisionnements.
2° Pour le matériel provenant des magasins particuliers	Par le garde-magasin particulier qui a fait la délivrance sous le visa du directeur.

3° Pour les applications directes faites par les ateliers ou chantiers et pour les objets qu'ils ont réparés	Par l'officier chargé de la surveillance de l'atelier sous le visa du directeur.
4° Pour le matériel provenant des services des vivres, des hôpitaux ou des chiourmes	Par les comptables sous le visa des chefs de service.
5° Pour des effets appartenant à des officiers embarqués ou à des passagers, et pour tous les objets appartenant à des services publ[cs]	Par le directeur des mouvements du port.
6° Pour des objets cédés à des particuliers ou à des services étrangers à la marine	Par le garde-magasin sous le visa du commissaire aux approvisionnements, ou des directeurs selon le cas.
7° Pour les matières et objets rebutés et rendus aux fournisseurs	Par l'agent préposé à la garde de la salle des dépôts, sous le visa du commissaire aux approvisionnements.

Art. 51.

Les objets fabriqués par les condamnés, achetés par des visiteurs, ne pourront sortir que sur la présentation d'une permission spéciale, délivrée par le commissaire des chiourmes ou son représentant.

Art. 52.

Le portier à qui sera présenté un billet de sortie destiné à faire enlever de l'Arsenal ou dépendances des objets de quelque nature qu'ils soient, devra s'assurer par une vérification minutieuse :

1° Que le billet a été expédié par qui de droit, et délivré au nom de la personne qui le présente;

2° Que tous les objets à sortir y sont mentionnés;

3° Que les marques, numéros, adresses et signes quelconques portés sur les objets sont exactement les mêmes que ceux mentionnés sur le billet de sortie;

4° Pour les objets rebutés par les commissions, qu'indépendamment des marques dont il est parlé au paragraphe ci-dessus, ces objets portent le signe de rebut, et que ce signe est mentionné sur le billet de sortie; si, par la nature des motifs qui ont amené le rebut il n'y avait pas lieu d'en apposer la marque, il en serait fait indication sur le billet de sortie.

ART. 53.

Si le portier ne juge pas le billet valable, il fera faire le dépôt préalable des matières ou objets, et devra renvoyer le porteur près de qui de droit pour le faire régulariser.

Le portier apostillera le billet, après vérification, d'un *vu sortir*. Le billet ne sera valable que pour le jour de la date.

ART. 54.

Chaque soir les billets de sortie seront recueillis par le gardien-major, et seront remis le lendemain matin au Contrôle.

ART. 55.

Les agents de surveillance pourront emporter en ville leur ration de pain (un pain tous les deux jours); dans ce cas, ils devront remettre au portier une carte signée par le commissaire des chiourmes et le commissaire aux travaux; ces cartes seront reprises le soir par un sous-adjudant des chiourmes, et remises aux gardes, lorsqu'ils auront de nouveau du pain à sortir.

ART. 56.

Lorsque des ouvriers devront travailler hors de l'Arsenal, une liste nominative de ces ouvriers sera remise aux portiers, ainsi qu'un billet de sortie indiquant les outils dont ils sont munis. Ce billet de sortie sera expédié au nom de l'un de ces ouvriers ou au nom du contre-maître qui, dans certains cas, les accompagnerait; l'individu au nom duquel le billet de sortie aura été expédié sera responsable de la rentrée des outils.

Ce billet restera déposé à la porte de l'Arsenal, le gardien y inscrira le *vu sortir*. A la rentrée du travail, les outils lui seront représentés, afin qu'il inscrive le *vu rentrer* sur le billet resté entre ses mains.

Les billets de cette espèce seront remis au Contrôle, dans une liasse séparée.

Si tous les outils sortis de l'Arsenal n'étaient pas réintégrés après l'achèvement du travail, l'autorité à laquelle les billets auraient été remis poursuivrait, auprès de qui de droit, le remboursement de la valeur des objets manquants.

ART. 57.

Les ouvriers qui voudraient sortir des outils introduits par eux, comme il a été dit à l'article 49 de la présente consigne, devront présenter aux portiers un billet de sortie en règle, délivré par l'officier chargé de leurs chantiers et visé par le directeur ou son représentant. Ce billet, annoté du *vu sortir* apposé par le portier, sera remis au Contrôle comme les billets ordinaires.

ART. 58.

Les portiers devront veiller, avec le plus grand soin, à ce que les outils présentés par les ouvriers pour être sortis de l'Arsenal, ne portent pas la marque de la Marine. Tous les objets reconnus pour ne pas être la propriété de l'ouvrier qui les présente, ou pour appartenir à l'Etat, seront saisis, et un rapport sera dressé par le gardien-major au major-général, au commissaire des travaux et au commissaire rapporteur.

Service des Entrepreneurs.

ART. 59.

Les entrepreneurs qui voudront faire entrer dans l'Arsenal et ses dépendances, les matières brutes ou travaillées et les objets confectionnés destinés aux travaux qu'ils auront à exécuter, devront remettre au portier un état sur lequel seront inscrits en détail ces matières ou objets, et, autant que possible, leur destination.

Cet état, extrait d'un registre à souche et signé par eux, sera laissé au portier qui attestera qu'il a vu entrer les matières ou objets qui y sont portés, et le remettra au détail des travaux.

ART. 60.

Les matières brutes ou travaillées, et les objets confectionnés ne pourront sortir de l'Arsenal et ses dépendances, que sur la présentation du billet de sortie extraordinaire délivré :

1° Par le garde-magasin particulier sous le visa du directeur ou de son représentant, si les matières ou objets proviennent du magasin, et sont livrés aux entrepreneurs pour être mis en œuvre ou réparés.

2° Par les conducteurs des travaux sous le visa de l'ingénieur et du directeur, si les matières ou objets appartiennent aux entrepreneurs, ou si, appartenant à l'Etat, ils proviennent de travaux en cours d'exécution, et sortent pour être travaillés ou réparés chez les entrepreneurs.

ART. 61.

Les portiers devront visiter à leur entrée et à leur sortie les outils employés par les entrepreneurs, et s'assurer qu'ils sont marqués à chaud des premières lettres du nom de leur propriétaire ; après avoir reconnu que ces outils ne portent point la marque de la Marine, les portiers pourront les laisser passer sans billet de sortie.

ART. 62.

Tout outil qui, devant être marqué, ne le sera pas, ou qui portera la marque de la Marine, sera saisi, et procès-verbal de la saisie sera remis par qui de droit à l'autorité compétente.

ART. 63.

Pourront être dispensés de la marque prescrite par l'art. 61 ci-dessus, les outils de plâtriers, de couvreurs, ainsi que les marteaux et truelles de maçon.

ART. 64.

Les ouvriers des entrepreneurs entreront et sortiront librement de l'Arsenal et dépendances, aux heures réglementaires pour les ouvriers de la Marine, mais seulement après eux ; et lorsqu'ils voudront entrer ou sortir pendant les heures de travail, chacun d'eux devra présenter au portier un marron numéroté, portant le nom de l'entreprise à laquelle il appartient.

ART. 65.

Les portiers empêcheront de passer, et feront au

commissaire des travaux un rapport détaillé, s'ils s'aperçoivent que des ouvriers de la Marine sortent pendant les heures de travail en employant un marron d'entreprise.

Le marron sera gardé et remis au commissaire des travaux avec le rapport, par le gardien-major.

Des bâtiments de commerce et de leurs équipages.

Art. 66.

Les bâtiments de commerce qui auront à traverser l'Arsenal, ne pourront franchir les limites, à leur entrée, en toute saison, qu'une demi-heure avant le coup de canon de retraite, et une demi-heure après le coup de canon de diane.

Art. 67.

Les bâtiments traversant l'Arsenal soit à la montée, soit à la descente, devront remettre le billet d'entrée qui leur aura été délivré par le directeur du Port, au gardien de l'issue par laquelle ils entreront, et le billet de sortie à celui préposé à la surveillance du poste par lequel ils sortiront, qui devra les visiter.

Art. 68.

Les gardiens préposés à la surveillance des postes flottants de l'avant-garde et de l'arrière-garde, surveilleront avec le plus grand soin les bâtiments de commerce qui traversent l'Arsenal ou qui y séjournent, et se livreront à toutes les recherches qu'ils croiront nécessaires, pour prévenir les soustractions d'objets appartenant à la Marine.

Art. 69.

Les bâtiments qui séjourneront dans le port, soit pour y prendre, soit pour y déposer leur chargement, ainsi que ceux qui ne faisant que le traverser, seraient obligés de mouiller pour y attendre le retour de la marée ou pour tout autre motif, ne pourront démarrer qu'après avoir été visités par un portier désigné par le gardien-major, un maître de la direction du Port, désigné par M. le directeur, et un gendarme pris au poste de la porte du Soleil.

Les agents chargés de cette visite accompagneront le bâtiment, et ne l'abandonneront qu'au poste de l'avant ou de l'arrière-garde, et seront remis dans l'embarcation de service, audit poste, qui les prendra en venant recevoir le billet de passe.

La direction du Port devra faire prévenir les services appelés à concourir à la visite, de manière à ce que cette opération puisse avoir lieu avant le démarrage.

ART. 70.

Les équipages des navires de commerce français ou étrangers qui devront séjourner dans le Port, ne pourront, sous aucun prétexte, s'éloigner pendant le jour du quai où leurs bâtiments sont amarrés, si ce n'est pour se rendre directement en ville ; tout individu qui sera rencontré en dehors du chemin qui conduit de son navire à la ville, sera arrêté et conduit au corps-de-garde le plus voisin, jusqu'à ce que le Préfet maritime ait statué, d'après les informations qui seront transmises par le major-général.

ART. 71.

Toutefois l'homme de cuisine de chaque bâtiment pourra circuler, pendant les heures de présence des ouvriers sur le chemin conduisant de son bord à la coquerie désignée pour le service de son navire, mais dans aucun cas il ne devra s'écarter de ce chemin.

ART. 72.

Toute circulation est interdite auxdits équipages, depuis l'heure de la sortie des ouvriers, jusqu'à l'heure de la rentrée dans le Port.

ART. 73.

Tout individu qui, s'étant rendu en ville, n'aura pas rejoint son bord dans la soirée, avant la sortie des ouvriers, ne sera plus admis dans l'Arsenal que le lendemain matin à l'heure de la rentrée.

ART. 74.

Les marins desdits bâtiments qui, pendant les heures où il leur est permis de circuler, auront besoin de sortir de l'Arsenal, ne pourront passer que munis d'une permission délivrée par leur commandant ou par l'officier ou le maître de garde à bord.

Ladite permission sera laissée aux marins pour qu'ils puissent la représenter et la remettre aux gardiens lors de leur rentrée dans l'Arsenal.

Mouvement des poudres dans l'Arsenal.

ART. 75.

Lorsqu'il y aura lieu de transporter, dans la poudrière de l'Arsenal, des poudres contenues dans le Coqueron de la Vieille-Forme, ou dans tout autre local situé hors de l'enceinte du Port, le transport aura lieu par l'extérieur de l'Arsenal, et les poudres seront introduites par la porte dite *Porte-Rouge*.

Les mêmes dispositions seront suivies toutes les fois qu'il y aura lieu de faire sortir des poudres déposées dans la poudrière de l'Arsenal.

Mise à l'eau des Bâtiments.

ART. 76.

Lorsque la mise à l'eau d'un bâtiment devra avoir lieu, les grilles de la porte du Soleil seront ouvertes au public une demi-heure après l'entrée des troupes de service.

Les personnes étrangères aux services de la marine pourront alors entrer sans permissions; mais il leur est formellement interdit de s'écarter de la route directe qui conduit de la porte du Soleil au point où a lieu le lancement.

ART. 77.

Les personnes qui s'écarteraient de ces prescriptions seraient arrêtées par la garde, conduites hors de l'Arsenal et signalées aux portiers, pour que l'entrée leur soit refusée, si elles tentaient de s'y réintroduire.

Cette disposition est sans préjudice des mesures plus graves qui seraient prises si les étrangers cherchaient à établir avec les condamnés des relations de nature à favoriser les évasions.

Exécution des condamnés.

ART. 78.

Quand une exécution de condamné devra avoir lieu au bagne, l'entrée de l'Arsenal sera interdite à toutes les personnes étrangères au service de la marine, même à celles munies d'une permission permanente ; et, jusqu'après l'exécution terminée, la Majorité générale suspendra la délivrance des permissions journalières.

ART. 79.

Les dispositions à prendre pour l'intérieur du bagne seront déterminées par le réglement de service établi par M. le commissaire des chiourmes ; et celles relatives à la garde générale de l'Arsenal, par les consignes des postes militaires, réglées par M. le major-général.

Dépôt des clefs des magasins.

ART. 80.

Aux termes de l'arrêté de M. le Préfet maritime, en date du 5 juin 1847, approuvé par le ministre le 12 août suivant, les clefs des dépôts et magasins existant dans les établissements de la marine, devront être déposées chaque soir sous la garde du chef des postes militaires désigné à cet effet.

Les dispositions suivantes seront observées pour effectuer ce dépôt.

ART. 81.

Chaque matin, à la fin du son de cloche (ou à l'heure correspondante, les jours fériés, s'il y a lieu), les clefs principales déposées aux postes militaires seront prises par les comptables ou leurs agents de confiance, porteurs des clés des compartiments où elles seront enfermées, et en échange des marrons libres correspondants. La délivrance en sera faite par le sous-officier ou caporal de garde, sous la surveillance du chef du poste. Quant aux clefs des bureaux et ateliers, elles seront réunies au dépôt général près le poste des gardiens, et la clef de ce dépôt sera remise seule dans la chambre de l'officier par un des portiers de service. Lorsque cet agent aura besoin de la prendre, elle ne lui sera délivrée qu'en échange d'un marron spécial.

ART. 82.

Le soir, à la fin du son de cloche et après les rondes d'extinction de feux, le dépôt des clefs principales aux postes militaires sera effectué dans la demi-heure; le sous-officier ou caporal de garde sous la surveillance du chef de poste s'assurera que toutes les clefs principales ont été remises.

ART. 83.

Si toutes les clefs n'étaient pas rentrées, le chef de poste en rendrait immédiatement compte au major-général, en indiquant celles qui manqueraient.

ART. 84.

Dans le cas où un des individus chargés de déposer les clefs serait en retard, les clefs n'en seraient pas moins reçues, et la désignation du porteur de marron, l'indication du service auquel il appartient et l'heure du dépôt seront consignés par le chef de poste sur le registre de rapport.

ART. 85.

Le Préfet peut donner soit d'une manière permanente, soit momentanément, l'autorisation de délivrer les clefs avant la cloche du matin, et de les déposer plus tard que le son de cloche du soir.

ART. 86.

Lorsque des motifs imprévus ou urgents autresque ceux d'alarme ou d'incendie exigeront, en dehors des heures réglementaires, l'ouverture des magasins, si c'est pendant le jour, les clefs principales seront remises malgré l'absence des porteurs de marrons, en employant la clef placée sous cachet à l'extérieur du coffre affecté à chaque comptable, à tout commis sectionnaire ou magasinier représentant le comptable du magasin.

Si c'est pendant la nuit, les clefs seront remises à tout porteur des mots d'ordre et de ralliement, en les faisant accompagner par un caporal ou fusilier, qui veillera à la sûreté du feu et à la fermeture des établissements.

Dans ces deux cas, le chef de poste dressera un procès-verbal indicatif des faits, du nom et des fonctions de la personne qui aura requis la délivrance des clefs, et des heures auxquelles celles-ci auront été prises et rendues.

ART. 87.

La même disposition est applicable dans le service des hôpitaux, à l'égard du chirurgien de garde et des sœurs; seulement les mots d'ordre et de ralliement ne seront pas nécessaires.

ART. 88.

En cas d'incendie, les chefs de poste sont autorisés à faire délivrer les clefs sans remise des marrons, non seulement aux officiers et employés bien connus, en uniforme, et aux pompiers de la marine, mais aussi aux conducteurs, maîtres, contre-maîtres, piqueurs, gardiens et autres agents qui présenteront des marrons spéciaux pour le cas d'alarme ou d'incendie.

Le soir même ou le lendemain matin, ces chefs de poste feront connaître au major-général les clefs qui n'auront pas été remises, et autant que possible les personnes auxquelles elles auront été confiées.

ART. 89.

Quant aux détails d'exécution non prévus par la présente consigne, il y aura lieu de se conformer scrupuleusement aux dispositions contenues dans l'arrêté précité de M. le Préfet maritime ; à cet effet, un exemplaire dudit arrêté sera déposé dans tous les postes qui auront à concourir à son exécution.

Précautions pour prévenir les incendies.

ART. 90.

Comme il n'est pas moins nécessaire de prévenir les incendies que d'en arrêter les progrès, des rondes de feu auront lieu dans tous les établissements de la marine et les ateliers des diverses directions.

ART. 91.

Ces rondes seront faites par un officier de chaque direction ou service, accompagné par un porte-clef, un agent du comptable des magasins où la ronde devra avoir lieu, et un pompier porteur d'un fanal.

ART. 92.

A cet effet, les fonctionnaires désignés la veille à M. le major-général pour le service des rondes, devront se rendre au bureau de la Majorité à l'heure indiquée, en se réglant sur le coup de canon de retraite, pour y recevoir de l'officier de service le mot de ralliement, qu'ils auront à donner aux rondes ou factionnaires qu'ils rencontreraient pendant le cours de leur service, et entrer dans l'Arsenal avec la ronde de la Majorité.

ART. 93.

Les chefs de ronde devront consigner sur un cahier tenu au poste de l'officier de la porte du Soleil, le nombre de personnes dont ils seront accompagnés au moment de leur entrée dans l'Arsenal, et, à leur sortie, pareille indication sera portée sur ledit cahier.

ART. 94.

Chaque matin les agents employés dans les établissements où des feux devront être allumés, iront à la direction du port pour y prendre un marron. Après l'extinction des feux dans ces établissements, une ronde sera faite par un pompier, muni d'une tige de fer garnie d'une mèche souffrée, qui devra s'assurer de l'extinction des feux et retirer le marron qui aura été délivré le matin.

ART. 95.

Indépendamment de la ronde faite par le pompier, avant la fermeture des établissements, chaque chef de détail devra désigner un employé de son service qui s'assurera que toutes les précautions ont été prises, afin de prévenir les incendies.

Les mêmes mesures seront suivies dans les ateliers, où un contre-maître sera designé par le chef de service pour surveiller l'extinction des feux.

ART. 96.

Il est interdit de fumer dans les établissements de la Marine, tant à l'intérieur qu'à l'extérieur de l'Arsenal.

L'usage des allumettes chimiques est également défendu d'une manière absolue.

Délivrance de copeaux aux ouvriers.

ART. 97.

Les tombereaux de menus copeaux, de ripes-bourriers et de sciure de bois qui sont délivrés aux ouvriers, seront chargés en présence d'un gendarme désigné à cet effet, et d'un agent de la direction des constructions navales, qui indiquera le point sur lequel sera effectué le chargement.

ART. 98.

Les caissons de menus copeaux et de ripes-bourriers ou de sciure de son, devront sortir de l'Arsenal dans le jour pendant lequel ils auront été chargés.

ART. 99.

Immédiatement après le chargement terminé, ils

devront être conduits, accompagnés par les personnes qui auront assisté à cette opération, sur la chaussée qui s'étend depuis la grille intérieure de la porte du Soleil, jusqu'à l'ancien moulin à scier, rangés sur les bas-côtés de la chaussée, de manière à ne pas gêner la circulation, et placés de telle sorte qu'ils puissent être en vue des portiers et gendarmes de service à la grille, qui devront veiller à ce qu'on n'introduise après coup, dans lesdits caissons, aucun objet soustrait dans l'Arsenal.

Service de l'éclairage.

ART. 100.

Un agent de l'entrepreneur de l'éclairage du Port couchera chaque nuit dans le poste des portiers à la porte du Soleil, afin de pouvoir, lorsque les rondes rendront compte de l'extinction ou du mauvais éclairage d'un reverbère, aller reconnaitre la cause et y remédier.

ART. 101.

Les chefs des rondes pour la surveillance des feux, qui s'apercevront dans leur tournée du mauvais éclairage ou de l'extinction d'un reverbère, devront, en sortant de l'Arsenal, en prévenir au poste de la porte du Soleil, afin que l'agent de l'entrepreneur soit en mesure d'y remédier.

ROCHEFORT, LE 29 SEPTEMBRE 1849.

Les Membres de la Commission :

COLOMB, COURBET, LAMBERT, BÉRARD, SENTETZ, THIBAULT, FRIOCOURT, CHARIOT, BARBOTIN.

Le président de la commission chargée de la révision des anciennes consignes du port, a l'honneur de soumettre à l'approbation de M. le Préfet, le projet de nouvelles consignes arrêté par ladite commission.

Le Major-général de la marine,

THIBAULT.

Vu par le Contrôleur de la marine,
ESCANDE.

Vu et approuvé :

Le Contre-Amiral Préfet, C. LAPLACE.

MARINE ET COLONIES.

PORT DE ROCHEFORT.

ORDRE GÉNÉRAL
EN CAS D'ALARME OU D'INCENDIE.

TITRE PREMIER.

DISPOSITIONS PRÉLIMINAIRES.

ARTICLE PREMIER.

En cas d'alarme ou d'incendie, pendant le jour, la générale sera battue, d'après les ordres du Préfet maritime, dans tous les postes et quartiers de la Marine, en commençant par l'Arsenal; le bagne et le poste de la Préfecture exceptés.

Pendant la nuit, il sera tiré, d'après le même ordre, deux coups de canon à bord du vaisseau-amiral, et la générale battra immédiatement, comme il est dit ci-dessus.

En conséquence, l'officier de la porte du Soleil se disposera d'avance, au premier indice d'alerte, à faire tirer deux coups de canon, dès qu'il en aura reçu l'ordre. Il devra faire prévenir en même temps le major-général du sujet de l'alarme; il devra faire également informer du moindre danger l'officier de service à la direction du Port, et s'entendra avec lui pour porter les premiers secours et donner les ordres convenables.

Durant le jour ou la nuit, dès que la générale se fera entendre au poste de la porte du Soleil, la cloche de la tour des signaux sera sonnée en *branle*, ainsi que celles de tous les postes, pendant la première demi-heure; celle de la tour et des deux portes les plus voisines de l'incendie tinteront ensuite tant qu'il durera.

Art. 2.

Au premier signal d'alerte, MM. les chefs de service après avoir pourvu promptement aux mesures qui leur sont indiquées ci-après, se rendront tous auprès du Préfet maritime.

Les officiers commandant les postes de l'Arsenal se rendront immédiatement au bureau major, où le *mot d'ordre* leur sera donné, afin qu'ils puissent prendre possession de leurs postes.

Lorsqu'ils y seront rendus, ils attendront que le Préfet maritime leur fasse donner l'ordre d'ouvrir les portes, et lorsque cet ordre leur sera parvenu, ils le feront exécuter avec toutes les précautions propres à empêcher qu'il s'introduise dans l'Arsenal d'autres personnes que celles qui y sont employées.

MM. les officiers militaires et civils, les divers employés, les portiers, gardiens et tous autres agents attachés au service du Port et de l'Arsenal, se porteront rapidement à leurs détails respectifs, à moins qu'il ne leur ait été assigné d'avance, par leurs chefs, des destinations particulières. Ils attendront à leur poste les ordres qu'il sera jugé convenable de leur donner. Les maîtres et contre-maîtres chargés des clefs des dépôts d'outils se tiendront à leurs chantiers respectifs, pour y délivrer les objets nécessaires, d'après les ordres des directeurs ou des officiers qui les remplacent.

MM. les officiers supérieurs et tous autres de la Marine, auxquels des postes auront été assignés, devront s'y rendre sur-le-champ. Ils y attendront les ordres du Préfet maritime ou du major-général.

Si ceux dont le poste est dans l'intérieur de l'Arsenal n'en trouvaient pas les portes ouvertes, ils se réuniraient comme suit : les officiers militaires de la Marine, au bureau major ; les ingénieurs des constructions navales et ceux des constructions hydrauliques, devant la porte de l'Arsenal, à l'exception de l'officier chargé de la Fonderie, qui se rendra directement à cet établissement.

Art. 3.

Tous les corps organisés qui sont employés au service de la marine, se rassembleront à leurs casernes. Ils devront être divisés en deux parties égales, dont l'une restera armée et l'autre sera disposée en travailleurs ; toutefois, les hommes valides appartenants au dépôt des équipages de ligne seront envoyés sur-le-champ, sous la conduite d'un seul officier, à la disposition du directeur du Port.

La compagnie de gendarmerie maritime se rendra directement et en armes, aux ordres du major-général.

Art. 4.

MM. les officiers supérieurs désignés pour commander le poste du bagne, seront particulièrement chargés de veiller au maintien du bon ordre et à la sûreté de cet établissement. Les militaires placés sous leurs ordres ne devront pas quitter leurs armes, surtout lorsque les condamnés seront ramenés de leurs travaux dans le bagne. MM. les officiers commandant ce poste s'entendront avec le commissaire des chiourmes, pour l'exécution des dispositions particulières que les circonstances obligeraient de prendre.

Art. 5.

S'il survenait quelque cas extraordinaire, les officiers commandant devraient en informer aussitôt le Préfet maritime, à moins que les mesures à prendre ne fussent de nature à ne pas souffrir de délai ; dans ce cas, ces officiers se comporteraient avec l'énergie et la prudence convenables, et ils rendraient compte sur-le-champ de ce qu'ils auraient fait.

TITRE 2.

Dispositions relatives aux vaisseaux et autres bâtiments dans le port, au placement et à l'armement des pompes.

ART. 6.

Les amarrages occupés par les vaisseaux et autres bâtiments du Port, sont partagés en quatre divisions, à chacune desquelles il sera affecté un officier et un maître de la direction du Port.

La première division, à commencer à l'avant-garde, comprend les 1re, 2e, 3e et 4e amarrages.

La deuxième, les 5e, 6e, 7e et 8e amarrages.

La troisième, les 9e, 10e, 11e et 12e amarrages.

La quatrième, les 13e, 14e et 15e amarrages, avec la Vieille-Forme.

Les limites des postes occupés par les amarrages des vaisseaux qui composent chaque division, sont aussi celles des bâtiments civils situés entre les points extrêmes de cette division, et l'organisation des secours sera commune aux vaisseaux et aux bâtiments civils.

ART. 7.

Chaque division aura son dépôt, savoir :

La première, sur les pontons n° 4, soutenant le 1er amarrage ;

La deuxième, sur les pontons n° 5, soutenant le 7e amarrage ;

La troisième, sur le bâtiment amiral, soutenant le 11e amarrage ;

La quatrième, sur le 15e amarrage (arrière-garde).

ART. 8.

Il sera destiné pour chaque division un bateau-pompe portant le numéro de cette division, au dépôt de laquelle il restera constamment amarré. Le gardien du dépôt aura la clef et en répondra.

Le bateau-pompe sera dirigé, lorsqu'il y aura lieu, par un patron désigné d'avance; il sera manœuvré par quatre officiers mariniers ou anciens matelots.

Il recevra en outre, au moment du besoin, deux charpentiers et deux calfats.

ART. 9.

Chacun des dépôts des quatre divisions sera muni des objets dont le détail suit :

Deux grelins,

Deux aussières;

Deux grappins, dont un grand et un moyen à pattes, avec une chaîne de 15 pieds, et un organeau au bout, pour recevoir un grelin de 6 à 7 pouces;

Dix haches fines;

Dix tarrières;

Deux pinces;

Vingt seaux en cuir.

ART. 10.

Il sera de plus formé quatre dépôts d'outils, à portée des quatre divisions établies par l'art. 7; ils seront placés :

Le 1er, à l'Avant-Garde, dans une cayenne;

Le 2e, près le corps-de-garde du Port, dans une cayenne;

Le 3e, à la Corderie, dans le pavillon de la garniture;

Le 4e, à la Vieille-Forme, dans une cayenne.

Il y aura dans chacun de ces dépôts :

12 haches;
4 herminettes;
4 pinces;
4 masses.

a 3

ART. 11.

Chaque gardien de dépôts, cayennes et bâtiments, recevra sur inventaire les apparaux, outils et ustensiles indiqués par les art. 9 et 10, et il en sera responsable.

ART. 12.

Les pompes seront déposées dans les établissements désignés par le tableau ci-après.

DIVISIONS	POMPES	LIEUX DE DÉPOT.	DÉPÔT DES CLEFS.	OBSERVATIONS
1re Divis.	No 1.	Au corps-de-garde des pompiers.	Au corps-de-garde.	
	Nos 2, 3	Au magasin général.	Chez le portier du magasin général.	
	No 4.	Au bagne.	Dans la chambre de l'officier de garde au bagne.	
	No 5.	Aux constructions navales.	Au chef du poste du Parc.	
2e Division	Nos 6, 7	A la corderie.	A la porte du Soleil.	
	No 8.	A l'artillerie.	Au corps-de-garde de l'arrière-garde.	
3e Division	No 9.	Hôtel de la Préfecture.	Chez le portier de l'hôtel.	
	No 10.	Rue Saint-Louis.	A la majorité.	
	No 11.	A la caserne Martrou.	Au corps-de-garde.	
4e Division	No 12.	Aux Fonderies.	Chez le portier.	
	No 13.	Magasin des vivres.	Chez le portier.	
	No 14.	A la Vieille-Forme,	Au poste.	
	15, 16.	Hôpital de la marine.	Chez le portier.	
	17, 18.	Caserne de Charente.	Au corps-de-garde.	

ART. 13.

Outre son armement ordinaire, chaque pompe sera munie des objets ci-dessous désignés, savoir :

100 Pieds de manches de cuir, de rechange;
100 Seaux en toile;
6 Fanaux clairs;
6 Haches;

4 Masses;
4 Pinces;
2 Crocs avec leurs épars à chaîne;
4 Grappins;
2 Echelles, une grande et une moyenne;
1 Pièce de cordage demi-usée;
2 Poulies;
1 Pièce de ligne d'amarrage;
1 Pièce de merlin;
1 Kilogramme de bougie;
1 Coffre fermant fermant à clef;
1 Tourne-vis;
1 Marteau;
1 Tenaille;
6 Pioches;
6 Pelles de bois ferrées;
6 Anspects;
2 Echelles de couvreur et les crochets pour les fixer.

ART. 14.

Le lieu de dépôt et tous les ustensiles servant à chaque pompe seront marqués du même numéro que la pompe à laquelle ils appartiennent; la clef d'un seul dépôt pourra les ouvrir tous, et surtout on aura le plus grand soin que toutes les manches de cuir puissent s'ajuster indifféremment à toutes les pompes, et les unes aux autres.

ART. 15.

La compagnie des pompiers du Port se compose de 42 hommes, savoir : 1 maître, 1 contre-maître, 5 aides, 8 pompiers de première classe, 8 de deuxième, 8 de troisième et 11 de quatrième classe.

Le maître et le contre-maître seront employés au lieu de l'incendie, pour organiser et régler l'atelier des pompes, sous l'autorité supérieure du directeur du Port, qui se concertera sur cet objet avec le major-général.

La direction particulière de chacune des machines sera confiée à un pompier-ouvrier, chef de pompe.

ART. 16.

Chaque pompe sera manœuvrée par un armement double en travailleurs.

Il y aura un contre-maître et un aide-ouvrier préposés pour la surveillance de chaque escouade.

ART. 17.

Tous les maîtres, contre-maîtres, aides contre-maîtres, ouvriers et journaliers, de quelque profession qu'ils soient, employés dans l'Arsenal, et *qui sont logés* dans le faubourg, se rendront, au premier signal d'alarme, devant la porte de l'hôpital de la marine, où ils recevront les ordres des officiers chargés de la direction des pompes.

ART. 18.

Tous les maîtres, contre-maîtres, aides contre-maîtres et ouvriers perceurs et calfats, logés en ville, se réuniront, au premier signal d'alarme, devant la porte du chantier de la Vieille-Forme, où ils recevront les ordres des officiers chargés de la direction des pompes.

ART. 19.

Tous les maîtres, contre-maîtres, aides contre-maîtres, ouvriers et journaliers des diverses professions employés dans l'Arsenal qui sont logés en ville, et qui, par les articles précédents, n'ont pas reçu une destination spéciale, se réuniront, au premier signal d'alarme, sur la place de la Galissonière, où ils resteront jusqu'à ce que les portes de l'Arsenal soient ouvertes; ils pourront, dès ce moment, et si les circonstances l'exigent, être mis à la disposition des officiers de la direction du Port.

ART. 20.

Tous les maîtres, contre-maîtres, aides contre-maîtres, ouvriers et journaliers qui se seront rassemblés sur la place de la Galissonière, seront introduits dans l'Arsenal aussitôt que les portes en seront ouvertes, et se rendront immédiatement aux postes indiqués ci-après, savoir :

DIRECTIONS.	LIEUX DE RÉUNION.	OUVRIERS PAR PROFESSIONS.
Constructions navales.	Direct. des const. navales.	Les charpentiers.
	Magasin général, Porte-Neuve.	Les avironniers. Les chaudronniers. Les forgerons. Les modelistes. Les plombiers. Les ouvriers des pompes. Les pouliers. Les sculpteurs.
	Atelier de la mâture.	Les ferblantiers. Les ouvriers de la mâture. Les menuisiers. Les scieurs de long. Les serruriers. Les tonneliers.
	Fonderie.	Les contre-maîtres, aides, ou ouvriers employés à la Fonderie, se rendront directement devant la porte de cet établissem[t].
	Atelier de la corderie.	Les cordiers. Les cloutiers. Les peintres. Les tourneurs en métaux. Les voiliers.
Port.	Devant les bureaux de la Direction.	Les journaliers, chaloupiers, rondiers, gardiens, etc.
Artillerie.	Devant les bureaux de la Direction.	Les maîtres, et contre-maîtres et ouvriers externes.
Constructions hydrauliques.	Devant les bureaux de la Direction.	Les maîtres et contre-maîtres et ouvriers.
Administration	A la porte principale du magasin général.	Les maîtres, contre-maîtres et ouvriers journaliers.
Subsistances.	Dans la cour du magasin des vivres.	Les maîtres et journaliers. Ils se rendront directement au magasin des vivres.

ART. 21.

Aussitôt que ces agents seront rendus à leur poste respectif, ils seront à la disposition des officiers de la direction du Port; lesquels se porteront sur les divers points de réunion, formeront des escouades, aidés par les officiers des différents services, et les dirigeront sur les dépôts des pompes à incendie.

ART. 22.

Les pompes ne seront enlevées de leurs dépôts que d'après l'ordre du directeur, du sous-directeur ou d'un officier du Port, sur la demande du maître pompier de la marine; les clefs des dépôts ne seront remises par les portiers, gardiens et autres qui en seront chargés, qu'aux pompiers chefs de pompe, qu'on aura soin de leur faire connaître d'avance, et qui ne devront se présenter qu'en uniforme.

Les pompiers chefs de pompe veilleront soigneusement à ce qu'on n'enlève des dépôts que les pompes, ainsi que les fanaux de nuit, si l'obscurité les rend nécessaires. Les autres ustensiles ne seront délivrés ultérieurement que sur l'ordre exprès de l'officier qui aura autorisé l'enlèvement des pompes.

Les chefs de pompe seront responsables des objets qui leur auront été confiés, et de leur rentrée dans les dépôts.

Il sera donné des consignes très-formelles aux portiers et gardiens ayant les clefs des dépôts, pour qu'ils n'ouvrent les magasins qu'aux chefs de pompe, et ne laissent rien enlever que par eux.

TITRE 3.

Du Major-général.

ART. 23.

Au premier signal d'alerte occasionné dans le Port par quelque principe d'incendie ou tout autre accident, le major-général, prévenu de suite par l'officier du poste de la porte du Soleil, fera reconnaître le danger, prescrira les premiers secours, fera doubler les postes militaires, ainsi que le nombre des sentinelles, notamment de celles placées devant les caisses de la marine et des invalides; il fera surtout renforcer de 50 hommes la garde du poste du bagne, au commandement de laquelle il sera préposé un officier supérieur de la marine.

ART. 24.

Le commandant des compagnies d'artillerie tiendra en outre deux pièces de campagne prêtes à être transportées, en cas d'alarme, pour doubler l'artillerie du bagne; ces pièces auront avec elles les munitions et les hommes nécessaires.

ART. 25.

Le major-général transmettra à MM. les chefs des corps organisés les ordres du Préfet maritime sur l'emploi des hommes armés ou des travailleurs.

ART. 26.

Le major-général fera aussi destiner pour chaque poudrière, un officier et un détachement de dix hommes pris dans les compagnies d'artillerie, afin de surveiller l'établissement.

Il fera également destiner huit artificiers du même corps, pour veiller, sous les ordres du maître entretenu, à la conservation de l'atelier des artifices et des matières qu'il renferme.

Il rendra compte ensuite de toutes ces dispositions au Préfet maritime.

ART. 27.

Tous les officiers dont le major-général pourrait rigoureusement se passer pour son service particulier seront mis à la disposition du directeur du Port.

ART. 28.

Si le signal d'alarme est donné pendant la nuit, pour un danger menaçant les établissements situés dans l'intérieur de l'Arsenal, la porte du Nord sera ouverte aux officiers et autres agents du service de la marine, aux troupes et aux ouvriers.

La garde de cette porte, outre son doublement, sera fortifiée par les gendarmes qui, de concert avec les portiers, reconnaîtront les individus qui se présenteront pour entrer.

Le major-général devra s'entendre à l'avance, au nom du Préfet maritime, avec M. le commandant de la place, pour que dans la même circonstance, la porte de La Rochelle soit ouverte aux ouvriers et autres employés de la marine qui habitent le faubourg, afin qu'ils aient la faculté de se rendre aux différents postes qui leur ont été assignés.

Le major-général réglera, de concert avec M. le commandant de la place, les mesures à prendre pour reconnaître, à l'entrée de la ville, les employés de la marine et pour maintenir le bon ordre parmi eux. A cet effet, il sera envoyé à la porte de La Rochelle un détachement d'infanterie de marine, commandé par un officier désigné d'avance.

Enfin le major général conviendra des moyens qui devraient être employés, si quelqu'accident survenu de nuit à l'hôpital, exigeait qu'on portât à cet établissement les secours de l'intérieur de la place.

Art. 29.

Si les troupes de la marine ne suffisaient pas pour les besoins du service, dans les cas prévus par les articles précédents, M. le major-général inviterait M. le commandant de la place à venir au secours du Port, au moyen de la garnison de la place.

Art. 30.

En cas d'alarme, le major-général fera diriger continuellement des patrouilles de gendarmes sur tous les points où leur présence sera jugée nécessaire, pour la surveillance et la protection des établissements. Il enverra le commandant de la gendarmerie aux ordres du Préfet maritime, et il gardera le lieutenant près de lui.

TITRE 4.

Du Directeur des constructions navales.

Art. 31.

Le directeur des constructions navales désignera d'avance :

1° Deux charpentiers et deux calfats pour chacun des quatre bateaux-pompes attachés aux quatre divisions d'amarrages, ainsi qu'il est dit à l'article 8 du présent.

2° Vingt charpentiers-calfats, calfats ou perceurs, pour chacun des quatre dépôts flottants.

3° Pour chacun des dépôts indiqués par l'art. 10, vingt ouvriers capables de se servir des outils qui y sont déposés.

Chacun de ces huit détachements sera dirigé par un maître ou contre-maître.

Art. 32.

Aussitôt que le choix et la répartition des ouvriers destinés aux services indiqués par l'article précédent, seront terminés, le directeur des constructions navales fera rassembler tous les individus qu'il aura désignés, il leur indiquera leur poste, en leur donnant l'ordre de s'y rendre au premier signal d'alarme.

TITRE 5.

du Directeur du Port.

Art. 33.

Au premier indice d'alerte, le directeur du Port, prévenu par l'officier de garde à la Direction, prescrira au sous-directeur sous ses ordres, et au maître pompier, les manœuvres à faire pour le déplacement des bâtiments, s'il devenait nécessaire pour l'extinction du feu.

En cas d'incendie pendant la nuit, et en attendant les ordres du directeur, l'officier de garde à la direction du Port se rendra sur-le-champ au lieu du danger, et s'entendra avec l'officier de la porte du Soleil sur l'administration des premiers secours.

ART. 34.

Le directeur du Port est chargé de pourvoir d'avance aux dispositions prescrites par le titre 2 du présent réglement. Il doit en conséquence, tenir bien préparés les bateaux-pompes, assurer leur équipement, munir les quatre dépôts de divisions, les dépôts d'outils et les bâtiments du Port de tous les objets nécessaires, entretenir les pompes dans le meilleur état possible, affecter un pompier à chacune d'elles, et proposer les ordres et les consignes dont il est fait mention à l'art. 22.

ART. 35.

Il choisira immédiatement les officiers et les maîtres qu'il jugera devoir préposer aux quatre divisions d'amarrages, et déterminera leurs postes respectifs.

Il répartira suivant les besoins, à bord des vaisseaux, frégates, corvettes de charge, gabares et autres bâtiments amarrés dans le Port, les officiers de marine, officiers mariniers et matelots qui resteront disponibles. Il devra donner à tous les instructions relatives à leur emploi.

ART. 36.

Le sous-directeur du Port et l'officier qui le suit immédiatement, auront sous leur surveillance spéciale et supérieure, deux grandes divisions d'amarrages; ils seront responsables envers le directeur du Port, de l'exactitude et de la régularité du service des officiers et marins employés dans ces divisions.

ART. 37.

Les chefs des divisions d'amarrages les plus éloignés du danger, en cas d'incendie, auront la plus grande attention à faire refluer, d'après l'ordre du directeur ou du sous-directeur du Port, tous les secours dont ils pourront se passer, sur la division où sera le feu, en ne conservant que les moyens strictement nécessaires pour exercer, dans leurs limites, une surveillance très-exacte, obvier aux inconvénients prévus et parer surtout à l'action des flammèches.

ART. 38.

Si le feu prenait dans la ville pendant la nuit, les pompes N° 9, 10, 11, 12, 13, 15, 16, 17 et 18, qui sont hors de l'enceinte du Port, seront amenées sur-le-champ, d'après les ordres du major-général et du directeur du Port, et transportées à l'endroit indiqué par M. le maire, ou par M. le commandant de la place. Elles ne pourront sortir du dépôt que sur l'ordre transmis par un officier ou le maître pompier.

ART. 39.

Le directeur du Port assistera le plus souvent possible à l'exercice des pompes et à la visite des dépôts. Le sous-directeur et l'officier qui le suit immédiatement chargés, chacun de la surveillance supérieure d'une grande division, veilleront par eux-mêmes au bon état et à l'entretien des secours en cas d'incendie.

Le premier dimanche de chaque mois, chacun d'eux visitera, ou fera visiter par l'officier, chef de division, les pompes attachées à cette division; le même jour elles seront essayées par les pompiers.

Le lendemain, le directeur du Port rendra compte de cette opération au Préfet maritime.

TITRE 6.

Le Directeur d'Artillerie.

ART. 40.

Le directeur d'artillerie veillera par lui même à ce que la compagnie d'ouvriers soit promptement rassemblée, comme il est dit dans les dispositions préliminaires du présent, et reste disponible jusqu'à ce que les secours des hommes en armes ou des travailleurs soient réclamés, au nom du Préfet maritime, par le major-général de la marine.

ART. 41.

Il enverra à leurs postes le maître et le contremaître de la salle d'armes, deux ouvriers et le gardien, sous la direction de l'officier chargé de cet établissement, pour y veiller à la sûreté des armes et pour y délivrer celles qui seraient légalement demandées.

ART. 42.

Le maître artificier se rendra immédiatement à son atelier, pour veiller à la sûreté de l'établissement et à la conservation des matières; il recevra à cet effet un détachement de huit artificiers, des compagnies d'artillerie.

TITRE 7.

Du Directeur des Constructions hydrauliques.

ART. 43.

En cas d'alarme dans le Port, les divers agents, les maîtres, contre-maîtres, et les ouvriers des constructions hydrauliques se réuniront vis-à-vis les bureaux de la Direction; ils y attendront les ordres de l'ingénieur en chef.

ART. 44.

Dans le cas où la pompe à feu serait à portée de contribuer à l'extinction de l'incendie, M. l'ingénieur en chef directeur enverrait le nombre d'ouvriers nécessaires pour la faire jouer.

ART. 45.

Il fera diriger les couvreurs et les ramoneurs employés au service du Port sur le lieu de l'incendie, pour concourir à l'éteindre.

ART. 46.

Dans tous les cas, l'ingénieur en chef directeur chargé de la conservation et de l'entretien des bâtiments civils concourra, par ses conseils et par tous les moyens qui sont à sa disposition, avec le major-général et MM. les Directeurs à l'administration la plus efficace à porter aux établissements atteints par l'incendie.

Dans le cas où l'incendie se déclarerait dans un établissement à terre, les secours seront dirigés suivant les indications du directeur des travaux hydrauliques ou du directeur du Port.

TITRE 8.

Du Commissaire général.

ART. 47.

Le commissaire-général, après avoir pris les ordres du Préfet maritime, donnera les destinations les plus analogues aux besoins du moment, aux administrateurs et aux employés qu'il ne jugera pas nécessaire de retenir dans leurs détails respectifs.

ART. 48.

Au premier signal d'alarme, pendant le jour, tous les forçats employés dans les différents chantiers et ateliers du Port, seront reconduits dans les salles de force et rattachés à la chaîne.

Le commissaire préposé à l'administration et à la police de la chiourme, fera faire des rondes très-fréquentes dans le bagne, pour s'assurer que tout y est en bon ordre et que rien ne fait craindre que celui-ci puisse être troublé; il donnera aux agents de surveillance, ainsi qu'aux compagnies de gardes-chiourmes, toutes les consignes que les circonstances exigeront, et il s'entendra, s'il y a lieu, pour leur exécution, avec le commandant supérieur du supplément de troupes que le major-général aura envoyé au bagne.

S'il arrive que l'incendie menace le bagne, ou que le feu prenne dans cet établissement, tous les forçats soit enfermés dans l'intérieur, soit travaillant au dehors seront conduits et rassemblés sur le terrain situé entre la buanderie du bagne et le chantier des chaloupes et canots. Ils y seront gardés par les adjudants, sous-adjudants, agents de surveillance, et par les détachements chargés de la garde intérieure du bagne.

Le commissaire du détail demandera en outre au major-général un détachement de troupes, pour prêter main-forte au besoin.

ART. 49.

Si l'incendie atteignait le bagne pendant la nuit, les forçats, détachés immédiatement des bancs, suivant l'urgence du danger, seraient conduits et réunis sur le point désigné à l'article précédent, et l'on redoublerait de surveillance et de précautions pour empêcher toute tentative de révolte ou de désertion, que l'obscurité pourrait favoriser.

ART. 50.

Le commissaire préposé au détail des approvisionnements restera à son bureau tant que le danger durera, pour faire délivrer des magasins tous les objets dont l'emploi serait jugé nécessaire; la demande lui en sera faite ou par des officiers, ou par des maîtres, contre-maîtres, chefs d'escouade à ce autorisés. Il les fera délivrer par des commis aidés de gardiens ou de distributeurs.

Il sera enjoint à ces commis de ne rien délivrer qu'à des agents connus, de prendre les noms de ces agents, et de tenir un compte exact et détaillé de ce qui aura été délivré à chacun d'eux.

Il leur sera donné des instructions très-expresses pour que l'urgence des secours à fournir ne puisse nuire au bon ordre, et que, d'un autre côté, la régularité des formes ne retarde pas l'usage des moyens réclamés.

ART. 51.

Si le feu se déclarait dans un des bureaux du Port, le chef du détail apporterait le plus grand soin possible à la conservation des papiers, registres et pièces de comptabilité; il en ferait faire sur-le-champ des liasses prêtes à être enlevées et portées dans les lieux indiqués par le commissaire-général; cette disposition sera soigneusement exécutée, même dans les bureaux voisins de l'incendie.

Cet article est commun à tous les chefs de service.

TITRE 9.

Du président du Conseil de Santé.

ART. 52.

Au premier signal d'alarme, l'officier de santé de première classe et son aide, affectés au dépôt des blessés et au service du bagne, se rendront promptement à ce dépôt; il y sera envoyé en outre un chirurgien de deuxième classe et un de troisième classe, ou même un plus grand nombre si le président du conseil de santé de la marine le croyait nécessaire.

ART. 53.

MM. les officiers de santé en chef de la marine se rendront également sur-le-champ à l'hôpital, pour y faire panser les blessés qu'on y transporterait.

ART. 54.

Dans le cas où le feu se trouverait près de l'hôpital même, et s'il y avait des dangers à craindre, MM. les officiers de santé en chef se concerteraient avec le commissaire chargé de ce détail, afin de diriger les malades sur le lieu qui serait désigné par le commissaire-général. L'évacuation devra se faire sans confusion et avec les précautions convenables pour ne point effrayer les malades et aggraver leur état.

TITRE 10.

CONCLUSION.

ART. 55.

MM. les chefs de service sont chargés d'établir des mesures sur les bases du présent réglement; ils sont responsables, chacun en ce qui le concerne, de son exécution.

M. le contrôleur de la marine est invité à concourir, par tous les moyens de surveillance et d'action qui sont en son pouvoir, à l'exécution des mesures indiquées ci-dessus, pour la conservation de l'Arsenal et des établissements qui en dépendent.

ROCHEFORT, LE 29 SEPTEMBRE 1849.

Les Membres de la Commission :

COLOMB, COURBET, LAMBERT, BÉRARD, SENTETZ,
THIBAULT, FRIOCOURT, CHARIOT, BARBOTIN.

Le président de la commission chargée de la révision des anciennes consignes du port, a l'honneur de soumettre à l'approbation de M. le Préfet, le projet de nouvelles consignes arrêté par ladite commission.

Le Major-général de la marine,
THIBAULT.

Vu par le Contrôleur de la marine,
ESCANDE.

Vu et approuvé :
Le Contre-Amiral Préfet, C. LAPLACE.

La Rochelle. — Imprimerie A. CAILLAUD.